RAFAEL LÓPEZ RIENDA

EL ESCÁNDALO DEL MILLÓN DE LARACHE

DATOS, ANTECEDENTES Y DERI-
VACIONES DE LAS INMORALIDADES
EN MARRUECOS

IMPRENTA ARTÍSTICA SÁEZ HERMANOS
NORTE, 21.—MADRID.—TELÉFONO 17-65 J.

100 143

EL ESCÁNDALO DEL
MILLÓN DE LARACHE

A los Diputados y Senadores españoles.

Cuando la Hacienda española está más resenti-
da; cuando todo el país se lamenta dolorido del
desangre que Marruecos supone para España
—gracias a los fracasos de todos—, surge el escándalo de la Intendencia de Larache, por un chantage
frustrado, con todas sus inmoralidades y todas sus
vergüenzas, descubriendo la podre existente en uno
de los sectores de la administración española.

Testimonio de ello es este libro, que en nombre
del país adolorido os dedico, por si, cumpliendo vues-
tra verdadera finalidad como representantes suyos,
podéis conseguir que el dinero no se administre en
una orgía de ambiciones insaciables....

El país, el Ejército, sano y limpio de culpa, os lo
pide, y debéis hacer esa obra de verdadero patriotismo.

Rafael López Rienda.

ANTES DE EMPEZAR...

Recientemente nos lamentábamos en las columnas de *El Sol* de las anormalidades administrativas que en Marruecos venían saliendo a la luz pública con una desoladora frecuencia, a medida que las circunstancias, o mejor, las ambiciones de unos y otros lo iban permitiendo. Y decíamos entre otras cosas:

«Estos casos frecuentes manifiestan un peligro terrible y ofrecen un triste contraste, porque no sólo son ya los fracasos que hasta hoy hemos venido lamentando, en cuanto al mando, dirección y espíritu de la tropa. Es en el orden administrativo donde se demuestra cómo los fracasos morales han contribuido también a nuestros pasados desastres.

»No supondría nada un desfalco, como hecho aislado. En el proceso del célebre millón de Larache consta una serie interminable de argucias y de falsedades que por sí solas declaran cuán necesaria es una investigación concienzuda cerca del em-

pleo que se da en Marruecos al dinero de la nación:
chorro prolífico que Marruecos absorbe insaciable-
mente.

»Y no es lo peor que Marruecos, como expansión
colonial o país protegido por España, según com·
promiso internacional, lo absorba; lo doloroso, lo
incalificable es que ese caudal de riquezas no sea
fielmente, lealmente, concienzudamente administra-
do como necesita la exhausta Hacienda española.

»Con todo esto así, sin administración sana y
leal, sin un mando eficaz, sin orientación y sin—lo
que es peor—conocimiento real y verdadero del
problema no es ciertamente con lo que hemos de
aspirar a hacer en Marruecos un protectorado ideal.»

Y el mismo importante diario madrileño, en su
editorial, comentaba tales afirmaciones de esta manera:

«Antes de que se confiese un desfalco, se ha tra-
tado de cubrir el agujero por todos los medios, a
costa de los moros si es posible, y si no fuere posible, a costa del vestuario, de la alimentación o del
municionamiento del soldado. El descubrimiento
del desfalco es generalmente el último eslabón de
un proceso en el que se han perdido la eficacia militar del Ejército y el prestigio de España.

»Esto que sigue sucediendo en Larache es lo
mismo que ocurría en Melilla antes de Annual y la
verdadera causa del desastre de Annual. Toda acción pública tiene que acabar en desastre, si los
agentes no sienten la finalidad de la acción y no

ven en los medios con que la acción ha de realizarse sino la manera de satisfacer su codicia, su afán
de lucro o sus ansias atrasadas de placeres.

»A la frecuencia con que estos robos se suceden
hay que oponer la máxima severidad. La existencia
de gentes que distraen en provecho propio los recursos que la nación dedica, a costa de grandes sacrificios, al éxito de la acción española en Marruecos debemos sentirla todos los españoles como un
cáncer que hemos de extirpar antes de que nos
coma los órganos vitales. Sólo una operación qui-
rúrgica podría salvarnos; pero habría que empren-
derla con toda urgencia.»

* *

Que hay que abogar por el saneamiento administrativo de nuestra aventura africana, es indudable.
Lo pide nuestro propio decoro; lo pide la Hacienda
nacional; lo exigen las madres españolas, hartas de
parir hijos para regar inútilmente de sangre los
campos marroquíes. Porque cada uno de estos fracasos es un golpe mortal asestado al tesoro público,
es un nuevo ataque a los intereses del contribuyente—el cual tiene derecho a exigir una administración más depurada—, y, sobre todo, es una herida
abierta en el seno de los hogares españoles.

Por todas estas causas, y principalmente por el
espectáculo lamentable que ofrece al mundo tan
equívoca administración de los intereses del Estado,
debe exigirse una reorganización inmediata.

Aquí ofrecemos una información, lo más circunstanciada posible, del escándalo de la Intendencia de Larache, de cuya gestación y curso apenas se conocía detalle alguno. En este libro se ofrece al desnudo la gangrena del Cuerpo administrativo del Ejército, que, como veremos, tenía ya carácter de cronicidad.

Y aquí ha llegado el momento de aplicar la más radical cirugía. No más suaves paliativos ni más paños calientes con restricciones y fórmulas; no más Reales órdenes taponando el agujereado régimen administrativo. Hay que llegar a una clariad meridiana en todos los sectores de la administración española.

Pero antes de alzar el telón, para que el pueblo admire la farsa que hemos querido sazonar con unas gotas de amarga ironía, sin conseguirlo siempre, es preciso hacer una salvedad muy justa y necesaria. Es preciso recordar que, junto a las ambiciones de algunos desaprensivos, hay un Ejército honrado, a cuya sombra no deben ampararse elementos ayunos de toda moralidad y de todo respeto a los intereses del país, y singularmente del soldado, ¡de ese soldado que cayó un día envuelto en la densa nube de ruindades que emanaba tanta podredumbre!

Paralelamente a esto hay jefes y oficiales que con un mezquino sueldo hacen en Africa una vida digna de todo elogio y de todo respeto; llegan al límite de la economía, para poder vivir y sostener decoro

samente a sus familias, que de ordinario residen
en la Península. Es preciso asimismo dedicar un
recuerdo a los héroes que supieron mantener su
puesto y dar en él su vida, conservando aún ese
espíritu inmarcesible de abnegación heroica que hizo
grande a nuestra raza.

Hemos recorrido los campamentos, hemos asisti-
do a las operaciones militares durante diez años
consecutivos que vivimos en Africa; no somos,
pues, sospechosos. Con nuestros soldados hemos
sobrellevado las múltiples penalidades de la vida de
campaña, y con él hemos convivido en dias de peligro y aun de hambre, cuando se internaron las
tropas en el intrincado corazón de Yebala y las malas comunicaciones y los temporales hacían esca-
sear los víveres. Diez años de esta íntima conviven-
cia nos dan derecho a dedicar un elogio a nuestros
sufridos soldados, modelo de abnegación, así como
también nos han permitido enterarnos de la deficiente organización administrativa de que el Ejército
dispone.

De los fracasos de Marruecos no se culpe, pues,
a nuestros soldados; cúlpese, acaso, a quien no cui-
dó de mantener en ellos el fuego sagrado de ese espíritu entusiasta que los hizo admirables en tantas
ocasiones. El soldado no va a Africa a «hacer carrera». Ni aun se mantiene con lo que el uniforme
le proporciona. Para el soldado no es tal profesión
un modo de vivir, sino un deber que ocasiona no
pocos perjuicios, tanto a él como a su hogar, donde

queda un hueco mil veces llorado por la madre. El mando, los que han hecho una carrera de la profesión militar, tienen el deber de mantener en el soldado el principio de ciudadanía, no ya con ejemplos constantes de entusiasmo y de moralidad, sino procurando tener latente en la tropa el espíritu de sacrificio y la más estrecha disciplina... Una vida diáfana, en cuanto a rectitud, y acrisolada honradez... El juego, la vida licenciosa de un núcleo considerable de individuos han dado lugar a las anormalidades administrativas que poco a poco van saliendo a la luz, y son testimonio de que no se procuró obtener del soldado el máximo rendimiento que puede dar. ¡Este soldado, que con una lata de sardinas y una ración de galleta por todo alimento no necesitó jamás del auxilio de tropas irregulares para escalar los más altos picos africanos!... Esto y otras cosas que aclararemos trajeron a Melilla el derrumbamiento trágico que aun está sangrando...

* *

Los fracasos de Marruecos son los fracasos de todos. La política, rémora nacional; la administración burocratizada y propicia a la ambición de la empleomanía; nuestra administración de justicia cerca del indígena, enrevesada y confusa y ajena por completo al espíritu de los principios coránicos... Todo este lastre de burocracia y procedimientos jurídicos

ajenos al país, además de un gran desconocimiento
del problema africano, es lo que llevamos a Marruecos como único programa.

Allí, en vez de dar una orientación positiva a la
labor que se iba a desarrollar, acometiendo el protectorado en su concepto real, esto es, inspirándolo
en el deber único de proteccionismo que allí nos
llevaba, fomentamos una guerra que en vez de
atraernos al indígena no consiguió sino hacernos
odiosos ante él... Y desde aquel momento, la protección se trocó en exterminio. Fracasos del mando, de
la política, y de ambos a la vez. Encendida la hogue-
ra, ya no fuimos a las cabilas sino con la metralla
por lógica y las bayonetas por razonamientos. ¿Qué
protectorado preconizábamos con esto? ¿Qué frutos
esperábamos recoger de este sistema absurdo de
obrar? Ya lo hemos visto después. Porque el moro
que llegó a someterse—¿no lo veis claro?—ante el
avance de nuestras tropas y la metralla de los ca-
ñones y la amenaza de nuestros aviones no era un
moro que acudía a nosotros lleno de fe y confiado
en la protección que se le brindaba... Esta sumisión
no era sino miedo; el moro quedaba bajo nuestro
amparo materialmente, es decir, como una cosa; mo-
ralmente, espiritualmente, la persona del moro nos
odiaba con toda su alma, aparte del odio ancestral
que no sabemos si podrá llegar a extinguirse. Quedaba al moro la ira ante su impotencia, el coraje de
saberse vencido y humillado...

El error de nuestra pristina orientación en Ma-

rruecos no ha podido ser más fatal. Pero... era necesario crear héroes y aumentar las escalas y restablecer recompensas. ¡Cuánto mayor rendimiento no
hubiese dado nuestra obra desdichada si en vez del
loco empeño de ganar el terreno a tiros y crear un
eterno problema militar en África hubiésemos ro-
deado de prestigio la autoridad de los caides deján-
doles en libertad para gobernar y hacer justicia,
creándoles buenas mejalas al frente de las cuales
pudieran haberse destacado figuras de abolengo
guerrero en el país, bien pagadas, para combatir el
bandolerismo! Al propio tiempo que se fomentaba la
agricultura, facilitando elementos modernos de cul-
tivo a los aduares, se abrían venas comerciales del
monte a la costa en todo Marruecos y se hacía obra
de saneamiento y repoblación... ¡Cuánto más barato y de más fructíferos resultados hubiese sido todo
este programa, que no hay necesidad de llamarle
militar ni civil, sino sencillamente Protectorado español! ¡Cuánto más barato que mantener un ejército
en pie de guerra, con todos sus dolorosos inconve-
nientes y sin haber hecho nada de positivo arraiga-
miento en el país!

Porque si detrás de aquel ejército hubiésemos dejado una buena administración civil y militar, un
bien organizado servicio de administración de justicia y de obras públicas y de escuelas y de sanidad,
de protectorado, en una palabra, menos mal. Pero ni
aun eso. Porque no hemos conseguido mas que esto:
odio de España a los moros y a la obra que fatal-

mente tenemos que realizar en África, y odio de los moros a España.

Hoy no nos queda mas que lamentar tan triste espectáculo, viendo lo tardío que es ya un resurgimiento y una rehabilitación, y ver cómo al margen del ejército sano, al margen de estos fracasos y de sus víctimas heroicas, surgen espíritus ambiciosos, ávidos de saciar sus apetitos en el gran festín de administración tan deficiente.

Otro día, en no muy lejana fecha, nos ocuparemos de otros sectores de la administración en Marruecos y de otros asuntos de no menos vital interés para España.

Nos hemos ceñido en estas líneas a apuntar la finalidad de este libro: cómo se fraguó y salió a la luz el bochornoso escándalo del Parque de Intendencia de Larache, donde se administraban anualmente unos quince millones del Presupuesto.

I

Rosas en el fango.—El primer cómplice.—La selva legislativa.—El huerto de las Hespérides.

El viento impetuoso del escándalo barrió las flores y dejó el fango desnudo. Pero todos sabíamos que la podredumbre existía bajo la dorada superficie. Hacía mucho tiempo que las imprudencias de algunos «novísimos ricos»—a quienes una fortuna imprevista había hecho perder muchos grados de sensatez—publicaban en la plaza pública... y en ciertos garitos el júbilo de que rebosaban los afortunados. ¿Quién podrá poner vallas a un corazón que late bajo una cartera repleta?

El patriotismo — ¡jardín inagotable! — también sembró rosas rojas y amarillas en la ciénaga mal oliente... Recordamos generosas y continuas suscripciones, piadosas tómbolas, espuma brillante de caridad... Velo de púrpura sobre el cieno... Pero un diablejo ladino alzó una punta del velo y el aire se llenó de fetidez.

Reconozcámoslo. Había bolsillos insaciables, pero gallardamente volcados sobre los tapetes verdes y sobre los mármoles blancos. Es mala amiga la vanidad de la economía. El oro gusta de la luz del sol. Si ese oro fué ganado subterráneamente, es preciso derrocharlo con más gallardía. Y eso sí: gallardamente se desparramaba y se exhibía. Por eso, repetimos, se denunció la podredumbre, aunque la general cobardía echase más velos sobre el cieno.

Pero hay otra causa, además de la cobardía colectiva, que explica suficientemente la ya normal inmoralidad administrativa que lamentamos. Afirmemos que el origen de esta «normal anormalidad» de los servicios más codiciados del Estado es el mismo Estado. Un somero examen de la legislación vigente de los parques de suministros nos llevaría a tan peregrina conclusión como esta: «Es imposible administrar legalmente los intereses de la nación.» Tales lagunas dejó abiertas el legislador primitivo y los legisladores subsiguientes que reformaron, deformaron y... enmarañaron la primera y arcaica legislación, que ya es imposible sortear los escollos burocráticos sin dejar retrasados o incumplidos los servicios. No se pide pureza, sino trámite. Que los trámites se llenen, aunque el oro se dilapide. Que los trámites arcaicos de 1904 se cumplan, aunque no se atiendan los servicios. En 1904 se dictaron las reglas para el funcionamiento de los parques de suministro. Entonces se fijaron las cantidades máximas a cuyo gasto estaban autorizadas las

Juntas económicas e intendentes regionales. Han pasado los años. Las necesidades son otras; el coste de los artículos es enormemente mayor. Sin embargo, hoy, como hace dieciocho años, una Junta económica no puede comprar un efecto cuyo precio exceda de 125 pesetas. Para adquirir un puñado de mantas ha de exigirse la firma del ministro. Acaso entonces pudiera adquirirse algo con esas mezquinas cantidades. Hoy, apenas puede comprarse una escoba. ¿Cómo obviar esto? Recurriendo al embrollo, a la combinación. Exigiendo facturas en blanco con pretexto de distribuir los gastos; justificando indebidamente los pagos; sorteando con mil estratagemas el peligro de acudir frecuentemente a la superioridad mendigando la aprobación de un presupuesto.

Y ya abierta la espita de la ilegalidad, el chorro fluye con una lamentable abundancia.

Alguien pide una sesuda inspección de todos los servicios... ¡Oh, no! Inspecciónese bien antes la Colección legislativa del Ejército. Húndase el hacha entre la maraña secular del bosque de inútiles Reales órdenes, y quémese, quémese cuanto antes un buen montón de amarillos expedientes y de odiosos informes, escritos al vuelo, entre sorbo y sorbo de café, entre charla y charla oficinesca. Comience la inspección por «do más pecado había», es decir, por el «inspector». Luego habrá tiempo de descender a detalles. Primero hay que dar a un organismo las normas necesarias y adecuadas a su naturaleza y especial misión. Luego podrán pedírsele maravillas...

¿Quiere esto decir que pretendamos disculpar el ya normal y bien arraigado vicio administrativo de que venimos hablando? Claro es que no admite disculpa. Como no la admite el asesino a quien un incauto facilita un arma de fuego. El tener un huerto con la puerta de par en par no autoriza a nadie para hurtar la fruta. El Estado es un jardín espléndido sin puertas ni vallas, aunque con muchas prescripciones escrupulosamente grabadas en numerosos carteles... que nadie lee. El Estado es un huerto defendido por advertencias escritas. Sería preciso que esas prescripciones disminuyesen y se alzasen, a cambio, vallas y se robusteciesen las puertas con barras de hierro.

Toda fruta prohibida tiene un encanto legendario... ¡Pero la más encantadora es la fruta de oro! Por eso el huerto de Larache—fastuosa y opulenta Hespérides—perdió todas sus manzanas...

II

**Los buscadores de oro.—La patente de Creso.—El
proveedor sencillo.—Un hebreo inquisidor.—El recibo inmaculado.**

Dos son los estímulos que llevan a arrostrar los
peligros de una campaña: el afán de gloria y la ambición del oro. Esta campaña rifeña no había de li-
brarse de los «buscadores de oro», así como gozó
de los buscadores de laurel. Nuestro aplauso para
éstos, como es para aquéllos nuestra indignación.
Quienes debieron dar siempre ejemplo de desinte-
rés y abnegación; quienes por tener en sus manos
el oro nacional tan penosamente acumulado debieron imprimir a sus actos un sello de suprema y exquisita legalidad, son los que dan al mundo el espectáculo vergonzoso que hoy lamentamos.

Espectáculo vergonzoso, largo tiempo silenciado,
sin que un espíritu sereno y viril haya lanzado el
«yo acuso» que fuera el toque de alarma que inti-
midase a los desaprensivos «buscadores de oro»

sucesores de aquellos que hicieron odioso el nom
bre de España en los nuevos continentes. Acusémo-
nos también de esta cobardía, y hoy lancemos nuestra inflexible aunque tardía acusación.

Era corriente oír en Larache—y en tantas otras
partes—al tratarse de un gasto exorbitante: «¡Oh,
esto no pueden hacerlo mas que los de Intendencia!» Que era decir: «¡Este derroche no pueden lle-
varlo a cabo mas que unos hombres honorables que
hacen profesión de sacrificio por la Patria!» ¡Vergonzosa y triste afirmación! Cuesta lágrimas perder
la fe en una institución que debiera ser siempre
digna de nuestra fe. Pero así sucedió y así hay que
hacerlo público. Una ambición desbordada excavó
los cimientos, y el templo del honor vino al suelo.
Nuestro deber de informadores nos obliga a ana-
lizar las causas del doloroso hundimiento.

Aun los más legos en materia administrativo-mi-
litar saben que en campaña los Parques suministran a los Cuerpos, mediante vales, una buena cantidad de artículos a los que se da el nombre de «raciones de etapa» (raciones que ya muchos Cuerpos
rehuyen extraer, ellos sabrán mejor las causas, y
sería curioso conocerlas). Estos artículos los adquiere la Intendencia Militar, por gestión directa, de
comerciantes en su mayoría establecidos en las pla-
zas africanas, y muchas veces de simples corredo-
res de comercio, fáciles a toda corruptela y capaces,
por hacer una venta, de prestarse a cualquier negocio tenebroso.

Admitida que sea esta «gestión directa» (pues nunca llegan a celebrarse los concursos establecidos por la legislación de los Parques, y éstos sabrán por qué)·y admitida la colaboración subterránea de ciertos comerciantes ávidos de expender sus artículos a costa de lo que fuere, la inmoralidad se hace patente, y sólo faltan hombres desaprensivos dentro del engranaje administrativo. Ya se vió que en Larache los había, y sólo una pugna entre ellos fué la causa de que la corrupción saliese a la superficie. ¡Funesta armonía si entre ellos hubiese habido siempre acuerdo perfecto! ¡Escandalosa dilapidación del tesoro nacional si abundasen tales «armonías» en otros establecimientos análogos! No queremos pensar en una sucesión de millones—como la habida hasta ahora en Larache—sin Jordanes indiscretos que quieran la parte del león... ¡No queremos, no queremos suponer siquiera tal calamidad pública! Contentémonos por ahora con llorar ésta, tan ruidosa y patente.

¿Que gran parte de culpa hay que achacarles a los abastecedores? Claro está que sí. Unos señores que firman documentos en blanco, facilitando así tan admirable labor administrativa, merecen los primeros una cadena. ¿Pero excusará esto a los demás?

Y esto de firmar recibos en blanco parece que era corriente en el Parque de Larache. Lo hemos oído frecuentemente en los cafés a los mismos firmantes. Tenemos nombres y hasta referencias de que la especie de «confiados»—no queremos escri bir cómplices—está bastante extendida por la nación. ¿Podrá mostrársenos un reglamento donde se suponga el vendedor lo suficientemente ingenuo para lanzar su firma a tal albur?

Alguien—un hebreo—debió inquirir la razón de tan peregrina costumbre administrativa. Este hebreo hizo una venta al Parque de Larache, y al ver ante sí el inmaculado mandamiento de pago, insinuó:

—¿Y qué firmaré? Si me dan la mitad de lo que pongan, firmo...

Y unos billetes sabiamente deslizados fueron los que obraron el milagro. El avispado semita trazó muy confiadamente su preciosa rúbrica. ¡Oh poder persuasivo del oro!...

* *

Tenemos, pues, un Estado que no legisla o legisla defectuosamente. Tenemos además unos hombres honorables que con la careta del honor hacen seguir al oro nacional una ruta doméstica y vergonzosa. Tenemos unos espíritus fácilmente maleables, que en nada tienen su firma por poner sus géneros a salvo: cómplices y encubridores. ¿Falta algo más?... Sí; hay otros cómplices, aunque muy perdonables. Son los Cuerpos del Ejército.

Y no se duelan éstos por este sambenito de complicidad. No se trata de acres censuras. Se trata de esclarecer un hecho y demostrar algo que les conviene que se sepa con toda claridad.

III

**Apurillos domésticos. —La maternal precisión.—
Caballos abnegados sin derecho a cruz.—Beneficios
y canonjías.—Asoma un sargento.**

Desgraciadamente, y esto es ya vicio antiguo, el
Estado no tiene la atención bien repartida por todos los sectores de la vida nacional confiados a su
cargo. Menos quizá en los sectores de la vida militar, donde subsisten sueldos mezquinos y servicios desatendidos casi en absoluto. Y sabido es que
un funcionario mezquinamente retribuído tiene
cien ojos para hallar caminos nuevos—tortuosos o
no—donde completar el sueldo. El hambre supone
deseo de comer. Este desdichado aforismo no es tan
desdichado, ya que nos explica casi todas las pere-
grinas formas de guardarse el dinero ajeno.

Los Cuerpos del Ejército tienen, si no funcionarios hoy regularmente retribuídos, servicios que ca-
recen de la más indispensable remuneración. Es
cualquier unidad militar, como una familia donde

surgen mil necesidades que el Estado no previó, ya por pequeñas, ya por nuevas, pero de imprescindible atención. El Estado es un banquero, no muy generoso, que no cuida de minucias. El padre de familia—coronel u otro jefe cualquiera—se encuentra con estas pequeñas necesidades, y al ir a remediarlas no sabe de qué bolsillo echar mano... Cuando la legislación no acude en su favor, inventa una legislación puramente doméstica. He aquí un cómplice. Un cómplice honrado... pero siempre un cómplice. (También el fondo particular es inmoral; aunque ese fondo no sea, como se puede asegurar por los capitanes que lo intervienen, mensual y subterráneamente distribuído.)

¡Cuántas pequeñas obras, cuántas explicables vanidades—despachos lujosos, decorosos mejor dicho, cuartos de banderas embellecidos—, cuántas reformas de locales, cuántas merecidas gratificaciones, satisfechas con esos fondos particulares de los Cuerpos, acumulados a espaldas de la legislación y con la aquiescencia de quienes están interesados en que todo el mundo siga de espaldas! Y estos fondos ya es sabido que tienen su origen en los llamados beneficios obtenidos de acuerdo con la Intendencia, que suministra raciones o... dinero a cuenta de raciones. De este dinero... a cuenta de raciones podrían hablar quienes no saben hablar: los pobres caballos y mulos que, sin miras patrióticas—¡y esto es lo doloroso!—, vienen sacrificándose hace tanto tiempo, comiendo mermada su ración. No es posible—es, por otra parte, una operación de aritmética harto sencilla—calcular los beneficios de esta índole tratándose de Cuerpos donde no hay criterio fijo en tales mermas, o donde no existen éstas en absoluto. Ni es preciso descender a estas minucias. Baste apuntar que la ración de pienso en campaña es de cinco kilogramos de cebada y cinco de paja. Muchos Cuerpos «benefician»—los pobres caballos emplearían otro vocablo—medio kilogramo de cebada y uno de paja, y a fin de mes... (Dejemos la palabra a la Sociedad protectora de animales.)

Ampliemos el capítulo de *beneficios*. Durante toda estación, siempre que una unidad o fracción de ella pase de uno a otro campamento, y lo mismo al pernoctar en cualquier posición, devenga una cantidad de paja para descanso que casi nunca se extrae. Claro está que si no se extrae se acredita el derecho a ella por medio del certificado que firma el jefe de la posición o el de la fuerza. Acreditada al Cuerpo por Intendencia e Intervención (que este Cuerpo, como es sabido, ha de visar cuanto aquél haga) y no extraída dicha paja por el Cuerpo, queda a beneficio de éste y va a engrosar el «beneficio» de la liquidación mensual, a veces pingüe, como más adelante se verá.

Lo mismo sucede con la leña y el petróleo. Cada soldado tiene derecho a una parte de combustible para alumbrado y cocción de ranchos. En las posiciones se extrae o no se extrae de los almacenes de

Intendencia. Lá leña casi nunca se extrae, por cortarla los soldados en el campo. Y como la acreditación se hace muy en regla—la extracción es la que no está reglamentada nunca—por medio de documentos llamados «ajustes» mensuales, queda otro «beneficio» muy estimable...

Hasta ahora, los Cuerpos; luego, la colaboración administrativa... no muy desinteresada por cierto. A fin de mes los Cuerpos realizan sus ahorros de artículos y reciben el premio de la mensual economía. ¿Reciben el premio ajustado a sus virtudes económicas? ¡Ah, no! Desgraciadamente, no. Reciben... lo que reciben. Ahorraron tantos y tantos kilos de cebada, paja, leña, etc., pero se encontraron con que estos y otros artículos, al convertirse en cobre, han desmerecido notablemente... Justo castigo a su complicidad justificada. Los Cuerpos firman también... en blanco. Peor: en un papel repleto de cifras perfectamente «ajustadas» al reglamento, pero no a la realidad. (¡Pobres caballos, si os dejasen hablar! ¡Pobres soldados, si os dejasen hablar!) Los Cuerpos firman una extracción ilusoria, y justo es que reciban una cantidad ilusoria. Por sus ahorros de artículos Intendencia les da... ¡la mitad del precio de valoración!

Recordamos que en nuestra época de sargento del Ejército esta operación la presenciábamos siempre a fin de mes, al «liquidar» con Intendencia.

He aquí demostrada la complicidad, la funesta complicidad de los Cuerpos. Pero lo peregrino del caso está por aclarar. ¿Qué hace la Intendencia con esos artículos que ha dado de baja en sus cuentas, puesto que «oficialmente» los extrajeron los Cuerpos y que realmente continúan en almacenes? ¿Qué hace?

Ya lo sabemos ahora: volverlos a comprar... «oficialmente». Para eso necesita abastecedores que jueguen muy limpio con esos papeles... inmaculados que tanto asombraron al hebreo de nuestra información.

IV

Por la suave pendiente.—Cadena de astucias.—
Maquiavelo frustrado.—El reparto familiar.—Un
libro sin borrones.—Paja invisible.

Lo penoso es entregarse la primera vez. La segunda es menos difícil. Después, lo que pareció
una locura es ya casi razonable. La mujer que empezó llorando y llamando a Dios en su ayuda
termina por hacer a Dios cómplice de lo que ya es
una necesidad del... espíritu. El error y el vicio tienen un descenso muy dulce y pocas veces se vuelve
atrás la cabeza...

Lo penoso es la primera inmoralidad. Para justificar la segunda ya buscamos menos razones. Después, ni eso. La razón se substituye por el cinismo.

Tratándose de la codicia, la pendiente es aun más
rápida. En nuestro caso así ha sucedido. No hubo
freno alguno. Ni siquiera el más rudimentario deber
de humanidad. No pedimos patriotismo, del que tan
ayunos estuvieron los escandalosos dilapidadores

3

del oro nacional; sólo pedimos menos dureza de corazón. Se trataba muchas veces de la salud del soldado, y esto pareció trivial y despreciable. Pobre máquina de disparar, el soldadito de la campaña no mereció de estos conquistadores del millón ni una mirada fraternal. Se comenzó por perder el pudor, y todo lo demás vino por añadidura.

Y una falacia se enlazó con otra. A la fingida extracción de artículos del Parque sucedió una fingida compra de esos artículos que no habían salido del Parque, y esta falsa compra trajo, claro está, un falso vendedor y un falso recibo... La cadena es indefinida. Así el carro se desliza suavemente por la senda plácida, empujada por los desaprensivos hijos del dios Tráfico, que—nos referimos a determinados comerciantes—no vacilan en fomentar la estafa con su firma por liquidar un saco de patatas. Estafa que permitía a un feliz grupo de honorables y administrativos señores regodearse mensualmente con la pingüe distribución, con la equitativa distribución—en esto había absoluta honradez de procedimientos, al parecer—, con la opulenta distribución que ya se ha hecho pública.

Insistamos de paso en que el reparto de los beneficios del Parque de Larache había de realizarse dentro de la mayor fraternidad. ¿Qué pensar, si no, de la reconocida subordinación y disciplina de los honorables agraciados con el «premio» mensual? Nadie pedía más, o lo hacía con el mayor sigilo. Cada uno era espejo de los demás y por nada del

mundo se hubiese empañado... Un día se rompió el
espejo. El capitán Jordán fué el violador del sigilo
sacramental. Él no lo hubiese roto. «Por un millon-
cejo, vendía su secreto.» Poco era un millón para
pagar la honra de un Cuerpo. Debieron habérselo
dado. La Intendencia, el Ejército español, lo hubiesen agradecido mucho.

* *

Muchos casos curiosísimos podríamos citar para
confirmar cómo se simulaban compras en Intendencia. En los procesos abiertos constan, y espere-
mos que de ellos salga la luz de la justicia. Algunos
de estos casos, aun estando en la conciencia pública, no se podrían probar documentalmente. Lo que
sí podría probarse, con toda claridad, era la despro-
porción existente entre los medios de vida con que
contaban ciertos oficiales de Intendencia y el faus-
to y regalo con que deslumbraban al público. ¿Quién
no podrá, hoy mismo, dar nombres, citar casos, objetos de lujo adquiridos por hombres de modesto
sueldo, ágapes magníficos en que se desbordaría la
fraternal satisfacción de saberse unos en la santa
Cofradía de la Avaricia? ¡De cuánta utilidad serían
en el proceso para seguir hasta las últimas ramificaciones el peso de este turbio «affaire»!

Pero el buen ciudadano se encoge de hombros y
se contenta con dar unos gritos en la tertulia del
café. Allí contribuye a la salvación de la Patria con

una docena de frases lacrimosas... «¡Está todo perdido!»—dicen—, y se olvidan de que fuera más heroico lanzar el YO ACUSO en plena calle y desenmascarar a los autores del gran escándalo.

Veamos algún caso curioso, que demuestra cómo se hacían las compras de artículos en el Parque de Larache. El industrial don José Urquiza, que se dedica a negocios de representaciones comerciales, contrató con el Parque la venta de cien toneladas de paja. Dió Urquiza aviso a la casa representada, y cuando ya estaba embarcada la paja, recibió aviso de que no la sirviera.

Como esto le ocasionaba al comerciante un gravísimo perjuicio, realizó toda clase de gestiones e hizo un sin fin de reclamaciones. Hay que dejar sentado que Urquiza ya había facilitado al Parque un pliego firmado, donde hacía constar el precio de la paja y condiciones en que la iba a servir.

Nada logró a pesar de sus reclamaciones; pero en cambio pudo averiguar poco después que las cien toneladas de paja habían tenido entrada «oficialmente» en los almacenes del Parque. El documento con el precio y compromiso del abastecedor continuaba en las oficinas del establecimiento...

En otra ocasión compró el Parque a Urquiza 450 toneladas de leña, y al pasar la cuenta, se le rogó que hiciese constar en ella 800 toneladas.

El juez instructor del expediente habrá recogido en autos estos y otros muchos datos que han facilitado comerciantes de Larache.

V

Arroz valenciano.—Uno que se forja ilusiones.—
Tres mil duros de «beneficio».—El miedo de un capitán y la astucia de un coronel.

Merece un lugar aparte, y puede considerarse
como tipo de las «operaciones» administrativas
—«gestiones directas»—del Parque de Larache la
que éste realizó con el industrial valenciano señor
Llopis, hombre franco y de espíritu rectilíneo y
abierto. Es uno de los que han aportado datos al
proceso que instruye el coronel González y González, y el cronista los ha recibido directamente en una
interesante conversación sostenida recientemente
con el mismo valenciano.

Llegó éste a instalarse en Larache, comerciando
en artículos de suministro para el Ejército y vinos
al por mayor; y convencido de que para obtener
alguna utilidad inmediata era preciso vender parti-
das grandes, intentó colocar algunos géneros en el
Parque, en la creencia de que, realizada la primera

operación, podría seguir realizando ventas en el establecimiento. Con tal propósito, pensó ofrecer una partida de arroz en inmejorables condiciones de calidad y baratura.

Le fué admitida la oferta, ascendente a 150.000 kilos de arroz, después de un prolongado regateo, en el que intervinieron el director Muñoz Calchinari y el capitán Bremón, y quedó concertado el precio de 0,65 pesetas, con lo que Llopis apenas hacía otra cosa que cambiar el dinero. Claro es que esto lo daba Llopis por bien empleado, pensando en futuras ventas donde poder conseguir una mayor utilidad. Esta baratura le allanaría el camino para presentar nuevas ofertas...

Mas cuando fué a cobrar la mercancía le presentaron a la firma un recibo, donde después se ha visto que el precio de venta ascendió a 0,75, merced a una fácil manipulación burocrática, y que había una diferencia de 15.000 pesetas entre lo cobrado y el importe «oficial» del arroz.

Sobrevino la catástrofe del desfalco, y con ella la designación de un juez para esclarecer la gestión administrativa del Parque. Un día Llopis recibió la visita del capitán Bremón, quien le habló en estas o parecidas palabras:

—Van a ir a practicar una investigación judicial en la documentación. Como el arroz de usted figura allí comprado a 0,75 pesetas, es preciso que usted arregle sus libros de contabilidad, con objeto de que vayan en armonía las documentaciones.

Llopis se abstuvo de reformar sus libros, y poco después fué llamado a declarar ante el juez, quien le acosó a preguntas:

—¿A qué precio vendió usted 150.000 kilogramos de arroz al Parque de Larache?

—Pues a 0,65 pesetas.

—Entonces, ¿cómo se explica este recibo, firmado por usted, en el que consta haberse vendido al precio de 0,75?...

—Que no me fijé al firmar, seguramente...

—¿Y cómo es que no se fijó?

Y el valenciano, ya agobiado a preguntas, replicó al juez algo tan contundente como esto:

—¡Porque yo creía que los señores que llevan estrellas y administran al Ejército tenían que ser hombres honrados!

—Basta—le dijo el coronel González—. Si todos declararan como usted, este proceso era cosa hecha,

VI

Otro cuerno de abundancia.—De soldado a capitalista.—No construir carreteras en Marruecos es más caro que construirlas.—Un atraco.

Para obtener en la liquidación mensual del Parque un «beneficio» aproximado de 300.000 pesetas —nada de un millón mensual, como se dijo por algunos diarios mal informados—, cifra media a distribuir entre los colaboradores de tan exuberante negocio, es indudable que las operaciones ficticias a que aludíamos habían de repetirse extraordinariamente. Y si bien el núcleo mayor de «beneficios» lo constituían los artículos imaginarios que ingresaban... sin haber salido, el ingreso tenía ramificaciones no menos provechosas que conviene señalar en este libro.

Una de estas ramificaciones es la que se refiere al transporte de mercancías y artículos a las posiciones. Esto fué una fuente saneada de ingresos, de la que no se podía prescindir en modo alguno. Colectiva e individualmente, los honorables señores ya conocidos—¡triste celebridad!—aplicaron sus bocas sedientas de oro al grifo providente y fresco. No hace mucho tiempo, un comandante tenía un camión automóvil, que hacía el transporte de artículos desde el puerto al Parque, transporte que este jefe cobraba, aunque tenía a un individuo al frente del negocio. El mismo capitán Jordán tuvo otros camiones dedicados al mismo fin. Al frente de la *empresa* figuraba el mecánico.

Y que este negocio de los transportes a las posiciones es productivo, lo prueba el hecho de que un soldado de Intendencia—Manuel Jiménez—, *protegido* indudablemente por sus jefes, se quedó, al ser licenciado, residiendo en Alcazarquivir, donde formó sociedad con el hebreo Sicsú, para dedicarse a explotar la conducción de convoyes a las posiciones avanzadas, pues ya es sabido que por las pésimas comunicaciones con que cuenta la zona de Larache—bien llamada «la cenicienta»—casi todos los aprovisionamientos han de realizarse a lomo, costando al Tesoro este servicio mucho más que la construcción de buenas carreteras por donde encauzar el famoso Protectorado, nominal hasta ahora puede decirse... Este soldado, poco después de un año, tenía en Alcazarquivir varias propiedades, prueba del excelente negocio.

Porque solamente el convoy de cargas moras a Meserah cuesta a la nación, según la versión oficial

de Intendencia, 36 pesetas españolas. El convoy se
repite muchas veces en la semana y consta de 450
cargas, aproximadamente. ¿Sabéis lo que se paga
en realidad por cada una de estas cargas?... ¡30 pesetas hassani, o sea unas 19,85 españolas!...

Y hay que tener presente que no sólo se verifi-
can convoyes de esta clase a Meserah, sino a casi
todas las posiciones de primera línea. Lo cual prueba que este negocio de los transportes es un festín
continuado, que amenaza durar hasta... que termi-
ne el Protectorado, ya tan floreciente.

Menos mal que el grifo se ha roto... o hay pruebas para que se rompa y concluya todo esto.

VII

Esta es la vida ejemplar.—Un maurista modelo.—
El «cabaret», abismo y picota.—Las previsoras des-
nudables.—Lluvia de automóviles.

No fué la discreción la virtud más apreciable entre las muchas que practican los favorecidos por
esta clase de fortunas.

Por lo que respecta a los protagonistas del célebre millón de Larache, había discreción, una muda
discreción en las operaciones preliminares de la famosa distribución de fondos, de la que hablaremos;
pero esa discreción maquiavélica se convertía en
una ruidosa epifanía de billetes en cuanto éstos entraban a formar parte del caudal individual. La colectividad colectora era silenciosa; los miembros
agraciados, no. Los flamantes billetes—numeradi-
tos correlativamente, claro está—que salieron de la
Caja por el irónico concepto de «beneficios», pade-
cían pronto una jubilosa epilepsia. Danzaban en los

cabarets y se hundían en las timbas en el maravilloso Tánger... Eran el precio de... toda carne rosada
de placer que se estimase en algo. Muy compugido
nos decía un amigo:

—En cuanto llega uno de estos señores de Intendencia, las artistas no nos hacen caso. Está visto
que la americana no tiene aquí ningún prestigio.

Es decir, que, lógicamente, el amor corría hacia
el bolsillo repleto. ¡Siempre fué cauto el amor! Tuvo
siempre excelentes pupilas, aunque los pobres poetas empleen esa venda, ya un poco anticuada...

¡Cómo interesan estas cosas—que apuntamos en
tono ligero para no agudizar lo trágico del caso—,
cómo interesa conocer esto y borrarlo definitivamente al alto mando de Intendencia! ¡Si los codiciosos e indiscretos hubiesen sido eliminados del organismo, cuánta inquietud ahorrada al resto del
del Ejército!

Pero no lo han sido, y ya el mal es conocido y comentado, y es reconocida ya la urgencia de reorga-
nizar y purificar ese organismo que así puede pre-
varicar.

Son del dominio público infinitos casos de fortunas repentinamente florecientes por la varita maga
de los tales «dividendos» subterráneos. Pero aquí
en Larache esos casos aumentaron de un modo
alarmante. Sueldos modestos, a la llegada a esta
urbe de los milagros, a esta «Arcadia feliz», engro-
saron desaforadamente... Vidas humildes pasaron a
ser principescas. Cabezas destocadas, o sencilla-

mente ceñidas por pudorosos velos, se cubrieron con sombreros magníficos... Esta urbe de los milagros sólo tenía ya un país competidor, ya perdido por fortuna; un país donde asimismo—dígalo Gabriel Maura, historiador—rejuvenecieron ostentosamente por análogos «dividendos» fortunas marchitas: nos referimos a la Isla de Cuba. Larache, sucursal de Cuba. Marruecos, sucursal de Cuba. Todo, Indias...

Hay muchas barriadas de casas en Larache que ostentan el pomposo título de «Casas de fulano», y este *fulano* es a veces un pequeño intendente. No pocos tienen presto su dinero para empresas ocasionales...

Todos sabemos que los auxiliares proceden de la modestísima clase de sargentos, y todos sabemos a qué orgías pueden entregarse con sus sueldos, que apenas sufragan lo más indispensable. ¿Podrán con tales recursos adquirir bienes inmuebles, ser—como lo son, parodiando a sus superiores jerárquicos—los de bolsillo más pródigo en los bazares indios, donde se les reservan los objetos y telas más costosas?...

Casas y alguna que otra industria funcionan en Larache, aunque, claro está, a nombre de un buen ciudadano responsable y testaferro.

Es de esperar que en los procesos que instruyen el coronel González y González y el general Gil Yuste se pongan en claro estos cambios bruscos de fortuna tan perjudiciales a la Hacienda pública, a la que debieron volver los tan famosos «beneficios»...

Es de esperar que se esclarezca el origen de estos
capitales y el desarrollo de estas empresas. Y también se pondrá en evidencia la gestión interventora
del señor Montes Castillo, ex diputado maurista, comisario de Guerra del Parque de Larache, firmante
de todos los documentos y responsable—contra lo
que él asegura muy seriamente—de todas las operaciones de Caja, vigilante pagado por el Estado
para evitar toda manipulación tenebrosa...

¡Hay que reír, hay que reír del maurismo si no
produce hombres más útiles a la Patria! El señor
Montes Castillo no podía vigilar nada, porque no re-
sidía habitualmente en Larache. Vivía en Tánger
en una preciosa villa magníficamente pagada por el
Estado. El señor Montes, responsable de todas las
operaciones de Caja del Parque de Larache, sólo
venía a Larache a... realizar una sola operación de
Caja, bien lucrativa por cierto. Firmaba en los·pri-
meros días del mes todos los maquiavélicos documentos que se le presentaban y regresaba a Tánger
con la conciencia tranquila del deber cumplido y la
cartera regenerada y regocijada. ¡Vida ejemplar!
Sostenía, además, casa en Madrid y en Larache. ¡Gas-
taba en alquiler de casa cantidades superiores a su
sueldo! Al resto atendía el Estado, benévolo y cómplice...

El opulento comisario, al ser destinado a Larache,
no estaba muy boyante de fortuna después de
aquellas elecciones para diputado que tan buenos
cuartos le costaron. En menos de un año adquirió

el señor Montes varios «autos» mejorándolos de clase. Últimamente adquirió un «Panhard» y un «De-
lage»... Sólo conociendo el dividendo mensual del
Parque, como lo conoceremos más adelante, se ex-
plican estas dilapidaciones tratándose de un sueldo
de comandante de Ejército.

¿Y qué podrían decirnos las ruletas de Tánger?...
¡Magnífico ejemplo el que se ofrece a aquella colo-
nia española; precioso espectáculo el que brinda-
mos a nuestros *amigos* los colonistas franceses!... Es
consolador, en efecto, el ejemplo de un oficial que
todas'las noches se entregaba a las delicias del *cabaret* en compañía de una amiguita complaciente,
jugando ambos constantemente y llegando a perder
una sola noche—más de un francés lo sabe—la
suma de 25.000 pesetas. Este oficial estaba en Tánger en comisión de compra de artículos para los
Parques de Marruecos.

Insistimos en que sería muy curioso indagar investigar por los demás Parques, revisar libros, contrastar cuentas de casas comerciales... Conocido el
sistema, no sería cosa muy difícil dejar a cada uno
en su puesto y con la conciencia tranquila a los
demás, ¿verdad?...

VIII

Los famosos beneficios.—El sobre encantado.—Cánovas pide explicaciones.—Cánovas sólo pide ya
dinero.—El barco que no llega...—Por fin el millón
viene...—¡Y se va!

.Tal estado de cosas tuvo, como sabemos, un fin
lamentable. La codicia fué en aumento. Se buscaron
nuevos modos de justificar inversiones de fondos.
Se llegó a elevar el «beneficio» a 300.000 pesetas.
¿Por qué no dar aquí una de las listas sensacionales
de la compañía «beneficiada»?

He aquí el reparto, según documento que, si no se
ha «evaporado», debe de figurar en alguno de los fa_
mosos procesos:

Al intendente primer jefe, primera autoridad responsable, 60.000 pesetas.

A cada uno de los jefes, 40.000.

A cada uno de los capitanes, 30.000.

A los oficiales y auxiliares, cantidades variables
según su trabajo... y aproximación a la Caja.

Así las cosas, todo marchaba deliciosamente. Todos vivían satisfechos de haber hallado una feliz Jauja... Pero llegó la catástrofe... ¡Cuán mudable es la fortuna, ruleta de la vida!

Y ya estamos en plena danza del millón. Anotaremos, antes de empezar el *baile*, una graciosa anécdota.

Llega a Larache, destinado en calidad de jefe de todos los servicios de Intendencia, el teniente coronel señor Cánovas—a estas fechas separado del Cuerpo, por presión de la Junta Central de Madrid—. Este jefe no estaba, al parecer, bien enterado de'la marcha de los sucesos... El primer mes, un capitán mensajero de la Fortuna fué a la Subintendencia para revelar al nuevo jefe el Misterio de la Anunciación. Portador, no de un lirio como Gabriel, sino de un sobre repleto, llegó al despacho de la primera autoridad y entregó el feliz mensaje. El jefe se espantó al parecer, viendo tanto billete de mil—premio por otra parte de su exquisita vigilancia de los señores del Parque—, y preguntó al mensajero:

—¿De dónde procede este dinero?

Pudo preguntar como la prima de Mirian:

—¿De dónde a mí que la loca Fortuna venga a visitarme...?

Entonces el mensajero, un poco desconcertado, le contestó titubeando:

—Son resultados de un sobrante... ¡ya se le explicará!...

El teniente coronel Cánovas, muy gravemente,

como quien conoce al detalle el movimiento normal de los caudales invertidos en los servicios de su cargo, insistió en sus preguntas y se negó a recibir el sobre mientras no se le diesen las suficientes explicaciones. Una exigencia más. Los demás no necesitaban explicaciones para admitir el sobre encantado.

El capitán mensajero salió del despacho y rápidamente convocó a conclave, manifestándoles el fracaso de la Anunciación... Tras mucho discutir, se acuerda que una comisión visite al primer jefe y le explique la procedencia del dinero que se le ofrecía... Que la cosa «no tenía malicia»; que era el resultado de una gestión «beneficiosa» para... la felicidad doméstica, ya que no lo fuera para el Estado...

El digno teniente coronel Cánovas, oídas aquellas convincentes razones, satisfecho de la delicadísima gestión administrativa de sus subordinados, se guardó por fin los doce mil duros..., resto insignificante de la liquidación mensual, «después de atendidas —son frases sacramentales—todas las atenciones del servicio».

Tan altamente satisfecho quedó de la admirable labor «colectora» de sus hábiles subordinados, que al mes siguiente, como es natural y humano, aceptó el día primero, sin más preguntas, aquel sobre maravilloso que venía a garantizarle una vejez honrada y tranquila en la paz del hogar, recordando las fatigas de su vida de campaña.

Pero hubo un mes en que, por retraso del vapor

donde venía la «consignación», no apareció puntual-
mente el sobre.

Y parece ser que el señor Cánovas, lleno de zozo-
bra, preguntó que «qué ocurría...»

Por donde se ve claramente que hubo entre administradores e interventores una íntima colaboración...

Así los días se deslizaban suavemente entre automóviles, palcos, viajes a España y Tánger, entre *cabarets* y ruletas... Así los salmonetes a ocho pesetas
kilogramo—el cronista no quiere omitir nada, lector—podían ser el plato diario. Las amantes podían
desarrollar sus costosas iniciativas en el traje y en
las joyas... La galantería estaba bien reforzada con
billetes. El honor del Cuerpo podía quedar siempre
a gran altura...

* *

Pero, ¡ay!, que Jordán—el don Quijote de este
pintoresco retablo de Maese Pedro—solicitó licencia
por enfermo a raíz de las operaciones de primavera
de este año. Le fueron concedidos dos meses, que,
al parecer prorrogó, y a su regreso vió, lleno de
honda amargura, que en los dividendos mensuales
habían prescindido—¡oh!, villanos compañeros—de
tan laborioso y antiguo colaborador...

Aquello era un abuso intolerable. Le alegaban
que, habiendo estado ausente, no podía exigir nada
«extraordinario». «¡Que no tenía derecho...» ¡Al parecer, los demás sí lo tenían!

Entonces Jordán, irritado, exasperado ante la actitud irreductible de sus cofrades, sin precedentes por otra parte en los anales de la Administración de Indias, juró en su fuero interno tomar la más silenciosa y cruel de las venganzas...

Faltó el silencio. Le resultó demasiado ruidosa, ¡demasiado ruidosa!

I X

La primera «atención».—Jordán coge el millón y
le toma cariña.—Otra relación fantástica para el
reparto del millón.—Una desatención y una «vendetta».—Un chofer agradecido.—La carta miste-
riosa.—Comienza la tragicomedia.

Cerradas las cuentas particulares del mes de agosto, el comandante director del Parque de Larache,
señor Muñoz Calchinari, y oficiales a sus órdenes,
sabían que, aun no cobrada la consignación de dicho mes, estaban cubiertas—¡oh!, frase sacramental—todas las atenciones. Faltaba la última atención,
es decir, la del usual reparto. Y aquel mes había
margen para distribuir entre los cofrades de aquella
honorable hermandad la respetable suma a que as-
cendía la consignación: un millón cincuenta y cinco mil pesetas.

El día 1.º de septiembre se dispuso que el capitán Jordán se personara en la Subintendencia para

recoger el dinero que había de ser repartido entre las personas que figuraban en una relación escrita por el propio comandante director, relación que Jordán, ya encarcelado, exhibió a varios íntimos, entre ellos al capitán Viqueira, de caballería.

Y al ir a cobrar la consignación de agosto, creyó Jordán llegado el momento propicio para la *vendetta*. ¡He aquí llegada la hora de demostrar a estos codiciosos amigos que mi honor está muy encima de sus concupiscencias! Cobró el dinero, y en vez de entregarlo—como se ha aclarado después—, llamó al encargado de su *garage*, un muchacho honradote y laborioso a quien Jordán había pretegido mucho, y le dijo:

—Me guardas este dinero y no lo entregues a nadie en absoluto más que al juez o a mí.

Así lo hizo el chofer, escondiendo el dinero perfectamente. Este empleado pagaba con esta fidelidad los favores que había recibido de su protector, a quien debía gratitud sin reservas. Esto no es, pues, un caso de punible complicidad, sino de laudable reconocimiento.

Después Jordán escribió una carta al comandante señor Restrebada, jefe administrativo de la plaza, en la que le rogaba viniese a avistarse con él. Tenía el propósito de guardarse la cantidad entregada al chofer, ofreciendo a los compañeros solicitar la separación del servicio a cambio de dejar en silencio la hazaña. Sabía en qué condiciones planteaba el «chantage». Tenía noventa y nueve probabilidades

contra una... Pensaba: «Estos buenos amigos tendrán el buen acuerdo de callar para que no ocurra
nada y continúe el sabroso dividendo... Y yo me voy
hecho un «hombre...»

Pero...

Al recibir la carta de Jordán, el comandante Restrebada se personó en el domicilio de aquél. Allí se
enteró de que la consignación estaba ya cobrada
pero el dinero estaba en Cádiz... en viaje de incóg-
nito riguroso...

—Como ese dinero—dijo Jordán—es para distri-
buirlo, porque todas las atenciones del Parque están cubiertas, yo me quedo con esa cantidad. Si ustedes no dicen nada yo les firmo ahora mismo mi
separación del servicio y aquí no ha pasado nada.
Si no me dejan «tiraré de la manta», ¡y veremos a
ver por dónde salimos!

Naturalmente, el jefe administrativo sostuvo con
Jordán una acalorada discusión y le notificó que de
tal proceder daría conocimiento a la superioridad.
¡El millón se escapaba...! Pero insistimos en esto.
De cien probabilidades había noventa y nueve a favor de Jordán. Por desgracia le salió la bolita negra..., pues Restrebada dió conocimiento a su jefe
inmediato; se reunió el magno conciliábulo, y sin
reflexionar acerca de las posibles contingencias, mucho peores que el perder un mes la parte propor-
cional de tan crecido reparto, acordaron que se podía dar forma «oficial» al desfalco o estafa de Jordán, por ser dinero cobrado de la Subintendencia

para consignación «oficial» de agosto, y que siguie-
se el parte. No se explica tal ceguera. Sólo la ambición podía inspirarla. La más elemental medida
de discreción era el silencio. Jordán supo bien lo
que tramaba.

Hubo, pues, en consecuencia que enterar oficialmente del caso al comandante general. El general
Sanjurjo. Todos conocemos al valiente y sencillo
general. Como todo el mundo, sospechaba de la labor administrativa del Parque de Intendencia, aunque para iniciar una depuración necesitaba una co-
yuntura. Esta se le ofreció propicia y así lo hizo.
Inmediatamente ordenó abrir sumaria para esclarecer los hechos al teniente coronel Lombarte, jefe de
la Comandancia de Artillería de Larache, que en seguida comenzó a actuar como juez.

X

En la noche del día 2 de septiembre circuló por
Larache la noticia del procesamiento de Jordán. El
acontecimiento prometía dar juego, pues de ante-
mano se conocía que eran muchas las personas
complicadas en el proceso, ya que el Parque tiene
una plantilla nutrida aparte de los jefes y oficiales
que en épocas anteriores habían servido en el Establecimiento.

Prontamente los rumores crecieron, y los más vi-
vos comentarios absorbieron lás conversaciones en
casinos, cafés y garitos de todas clases. En la plaza
pública no fué menor la conmoción producida. Se
comenzaron a recordar hechos muy significativos.
A todos parecía muy lógico que «los de Intenden-

cia»—como se les llamaba—«hubiesen sido descubiertos». Aquella vida ostentosa, las operaciones
sucias hechas con cualquier traficante, que luego
las relataba a los amigos en la taberna; las mujeres,
el tren fastuoso de casa, los viajes costosos, todas
las flores que ocultaban el fango fueron arrastradas
por el viento. Una mano descarnada—la de la Verdad implacable—había levantado una punta del
velo de oro que ocultaba el festín de los gusanos...

Los comentarios más crudos partían de quienes
habían ofrecido artículos al Parque en buenas condiciones y precios, que no pudieron vender por ca-
recer de amigos en el Establecimiento. Se daba
como cierto que esta amistad, necesaria para vender géneros en el Parque, no era más que punible
complicidad. La frase era ésta, muy expresiva: «Había que estar en combinación con ellos...» No faltó
quien preguntase por qué se había dado el caso de
que ciertos oficiales seguían administrando el dinero público cuando estaban legalmente incapacita-
dos para ello. Se citaba el caso del capitán Bremón,
procesado anteriormente por un desfalco en la Re-
monta de Écija, del que no había salido muy bien
parado. El mismo Jordán había desempeñado un
cargo administrativo en Córdoba en 1919, y su gestión fué tan eficaz, que en el mes de abril de aquel
año fué conminado por la autoridad regional, por
no haber rendido cuentas de una importante suma
que tenía a su cargo para determinadas compras,
sufriendo por aquella... negligencia ocho días de

arresto. Pudo, por fin, reunir el dinero distraído, solucionándose el conflicto un poco fraternalmente... Tales administradores tenía el Parque de Larache. A esto había que agregar la avaricia de todos, singularmente de los jefes, y el refinado *combinacionismo*, en que eran todos tan duchos, al cual se presta lamentablemente el actual régimen administrativo de los Parques, según apuntábamos anteriormente.

Si sorprendió a los amigos y relacionados de Jordán, que fuese éste el causante del conflicto. Se sabía que él poseía fincas en Ronda y estaba interesado en algunos negocios. ¿Cómo había tenido la valentía suficiente para arrostrar las consecuencias de un acto tan sensacional? No se creyó al principio que fuese Jordán el origen del conflicto; pero pronto pudo salirse de dudas, pues a poco cruzaba Jordán la plaza de España entre unos oficiales de la benemérita.

Al principio se creyó que ésta seguiría la pista del millón substraído; pero se observó que nada anormal ocurría en su servicio diario, lo que probaba que, a pesar de las manifestaciones de Jordán, el dinero no estaba muy lejos.

El teniente coronel Lombarte, juez instructor, auxiliado por su secretario, no se dió un momento de reposo. Durante treinta y seis horas seguidas actúo con loable interés, ultimando las diligencias más precisas, entre las que se cuenta la detención del capitán Jordán y la orden dada a la benemérita para proceder a la busca del millón. El capitán Enríquez, de la Guardia civil, y los tenientes Bens y Miranda secundaron escrupulosamente la labor del juez. Se telegrafió a los jefes de las Comandancias y puestos de Cádiz, Río Martín, Ceuta y Tabor español de Tánger, para que se ejerciera la más estrecha vigilancia con los viajeros. También se telegrafió a Jerez y a Ronda para detener a la madre política y a la amante de Jordán.

Entre tanto, la expectación pública iba creciendo. Alguien hizo circular la especie de que la Dirección General de Seguridad enviaría un detective especial... ¡Millán de Priego también actuaba en el proceso!

Las primeras declaraciones de Jordán denunciando irregularidades administrativas en el Parque de Larache obligaron al juez instructor a personarse en el Establecimiento para examinar los libros y documentaciones, con objeto de comprobar la exactitud de las declaraciones. Fueron, pues, requisados los libros diarios, de artículos y caudales y... cómo andarían éstos, que Lombarte hubo de sellar inmediatamente mesas y despachos y deducir seguidamente testimonio de esta diligencia para que tal documento, cursado a la autoridad superior, fuese origen de un nuevo proceso de orden administrativo, ajeno desde luego a la causa que por el delito de estafa instruía contra Jordán. Se pidió un juez especial para depurar responsabilidades en vista de las anormalidades observadas en los libros, donde faltaban los asientos del mes anterior, quizá para luego acomodarlos a la inversión arbitraria de fondos del mismo mes. Otro libro, el de reconocimiento de artículos adquiridos para el soldado, ¡estaba en blanco! El requisito reglamentario de no dar entrada a víveres en los almacenes sin previo reconocimiento de la Junta técnica era algo pueril, sin duda alguna, para los oficiales del Parque de Larache. El soldado español—como cantan unánimemente los poetas y el señor Ortega y Munilla—es muy sufrido. Su sobriedad está universalmente reconocida. Son estas virtudes raciales motivo para implantar una magnífica norma administrativa. Un completo plan de economías había sido trazado, teniendo presente la máxima cantidad de resignación patriótica del soldado. ¡Lástima que estas economías no hubiesen favorecido un poco más al Tesoro!

Aquí se ponía más de relieve la plausible labor interventora del comisario señor Montes Castillo, ex diputado maurista, gran patriota y profesor de Economía doméstica, que en su «Villa Porchet», de Tánger, aguardaba el día 1.º de cada mes resignadamente. El caso del señor Montes Castillo—un caso ejemplar y memorable en la historia de la inquisición burocrática del país—nos invita a comentar la necesidad de que se creen en el Ejército dos o tres Cuerpos análogos que vigilen la acción de los demás. Hacen falta vigilantes al Estado, es decir, al dinero del Estado. Era preciso ir pensando en crear estos nuevos vigilantes... ¡pero con absoluta prohi-

5

bición de entregarse durante veintinueve días del
mes a las delicias de Capua! Con dos o tres Cuerpos
más que interviniesen, y sin Jordanes que alzasen el
grito lastimero del despojado, el tesoro nacional re-
bosaría de las arcas del Estado. ¡Habría verdaderas
borracheras de millones...!

XI

El grifo de las lamentaciones y el vaso de la indignación.—Breve diálogo histórico.—Se rompe la
cadena.

¡Lástima que la serenidad, rayana en el cinismo,
con que Jordán inició su famoso *affaire* no conti-
nuase imperando hasta el fin! Al ver que sus tiros
no habían dado en el blanco, perdió los estribos y
empezó a sembrar duelos en torno. Su indignación
ante el fracaso no pudo ser más grande, y ella abrió
el grifo de las inoportunas confidencias... Cualquier
amigo podía escuchar de él revelaciones vergonzosas acerca de la irregular gestión administrativa del
Parque, de la que él, en definitiva, era cómplice y
responsable también. Los compañeros de «gestión»,
muy alarmados por la deserción «fraternal», le per-
seguían y vigilaban. Jordán notó que no le perdían
de vista algunos individuos enviados por el director
Muñoz.

No perdonaban a Jordán la escenita entre melodramática y jocosa en la que, un poco bravucón y otro poco burlesco, les había dicho:

—En una mano tienen ustedes el millón y en la otra la licencia absoluta. ¿Qué quieren ustedes?...

—El millón—le contestaron.

—Pues búsquenlo en España.

Y continuó amenazando con «tirar de la manta» y hablar de las «operaciones» del Parque.

Se explicaban las posteriores lamentaciones de los denunciados. Y se explica también que pensaran que «de haber sabido lo que iba a suceder hubiesen dejado ir a Jordán con el millón»... ¿Cómo iban a suponer que uno de los «compañeros», y no de los menos activos en la saludable gestión que ahora admira España entera, iba a descubrir el nutritivo pastel? Mantenía a todos en pie una cadena de plata... Roto un eslabón, caían a tierra. Y fué Jordán quien rompió la cadena. Todo se hundió, y ahora un juez más levanta una montaña de folios sobre los restos del edificio tan laboriosamente alzado.

En este segundo proceso—que instruye el coronel González—se ha ido encontrando pista a otros muchos millones malversados. ¡Oh el ramo de cerezas!... Se ha tropezado con fortunas considerables elaboradas por procedimientos secretos, hoy ya públicos...

El propio Jordán venía reuniendo algún dinerillo, como se deduce de las diligencias practicadas, y especialmente en Ronda por la Guardia civil. En Ronda, y en una finca llamada de «Don Pío», vivía la família de Jordán; y a esta finca, desde que se conoció el *affaire*, no se permitió entrar ni salir a nadie sin someterlo a un previo y minucioso registro.

Se sabe que el 14 de julio Jordán, por conducto de don Manuel Fernández Pujol, ingresó 4.000 pesetas en el Banco Hispano-Americano, y el 18 del mismo mes, y por igual conducto, 3.500. El señor Fernández Pujol, residente en Cádiz, hacía frecuentes viajes a Larache y era íntimo de Jordán. Además, la esposa de éste afirmó alguna vez que «estaba acostumbrada a recibir de su marido esas cantidades que ella iba retirando para atender a las necesidades corrientes».

Todos saben de qué sueldo disfruta un capitán del Ejército. Todos saben qué cantidades mensuales son precisas para sufragar los gastos de dos hogares... ¿Qué quedará después para verificar imposiciones en Cajas de Ahorros, y mucho menos pingües ingresos en los Bancos? Porque algo después el juez ha podido aclarar, solicitando de los Bancos la intervención de los fondos y valores que tuviesen los procesados, que éstos tenían buenas cantidades, aunque muy distribuidas en diferentes entidades bancarias. Se ha conseguido, pues, detener algunas cantidades, pequeñas en relación con capitales como el del comandante Muñoz, que asciende, según referencias particulares—y si después no se ha puesto a otro nombre, como precipitadamente han hecho algunos procesados y otras personas que temen pueda continuar la polvareda de Larache—, a unos tres millones de pesetas. Se logró, no obstante, detener al comandante Muñoz, entre otras cosas, obligaciones, acciones, metálico en los Bancos del Río de la Plata, Hispano-Americano, Hipotecario, Urquijo, Tranvía del Este y otros, por valor de más de 150.000 pesetas. Al capitán Mauro Rodríguez unas 7.000, que con las 75.000 pesetas incautadas en su domicilio, quedaron a disposición del juez. A Bremón le fueron detenidas en el Banco Hispano-Americano pesetas 40.000. Jordán, hombre previsor, había retirado del Banco, en marzo, 200.000 pesetas que tenía en cuenta corriente... Al señor Montes Castillo no se le incautó nada por haber ofrecido al juez una fuerte fianza: 1.500 toneladas de cebada en Casablanca...

* *

Entre tanto, el capitán Jordán, que seguía comunicándose con sus amigos y previa consulta con éstos, nombra defensor al comandante Unceta, jefe del Parque de Artillería de Larache. Por cierto que a tales amigos, a más de darles cuenta detallada de la turbia gestión denunciada y de la famosa distribución del dividendo, aseguraba que parte del dinero «¡salía para Madrid!»

¡Oh Madrid, castillo famoso, villa ingenua del

oso y del hampa dorada! Eres el Falstaff de la tragedia nacional, que se traga los mejores bocados sin lucha, sin esfuerzo, porque tu arma es el papel de oficio y el sable mellado. ¡Madrid, refugio de holgazanes, gran profesor también de economía política y doméstica! ¿Cómo no habías de hincar el diente cortesano en el pastel marroquí? (Séanos permitida esta explosión interrogativa. El cronista también tiene su corazoncito y no hay que comprimirlo demasiado...)

Decíamos que Jordán eligió defensor al comandante Unceta. Es éste un riojano bonachón y honradote, que en seguida aconsejó a su defendido que entregase el millón «como primera providencia», pues de lo contrario no le defendería...

—Tú entrega el millón—le decía—porque vas a perder todo: el millón y la carrera. No vas a conseguir nada, y, por el contrario, nunca te quitarás de encima el calificativo de «ladrón». Si lo entregas, la defensa podrá tener un fundamento... «Tú has retenido el dinero y has levantado esta polvareda para dar lugar a que se descubran las irregularidades del Parque...» O simplemente dejar reducido el caso a una retención indebida de fondos...

Claro es que todo esto eran argucias de nuestro flamante jurisconsulto. Demasiado sabía que Jordán venía sirviendo en la Intendencia de Larache más de cuatro años y medio y que durante ese tiempo —¡oh, si se sigue ahondando, cuántos jueces especiales...!—Jordán había sido uno de los «beneficiados» con los múltiples y pingües repartos. ¡Demasiado sabía Unceta que si Jordán no marcha a disfrutar el permiso que ya conocemos y si durante éste no le suprimen «su parte», el Parque de Larache continuaría siendo una balsa de aceite!

XII

Un defensor emotivo.—El millón surge del pavimento y recibe los honores de su alta categoría.—Un cazador, cazado.—Una Empresa que quiebra...

El juez instructor Lombarte, entre tanto, ya tenía sobre la pista a las autoridades de Jerez y Ronda, y por otra parte se cursaban telegramas a la madre y esposa de Jordán. Ambas mujeres decidieron personarse en Larache, y anunciaron a Jordán, con un telegrama, su acuerdo y fecha probable de llegada.

Conoció estos datos el defensor señor Unceta, y quiso sacar de ellos el partido posible. Obsedido por la idea de reintegrar el millón, puso entonces en juego todas sus energías persuasivas. Partía del supuesto, muy explicable, de que el millón—a pesar de las declaraciones de Jordán—no estaba en Cádiz ni en otra parte más que en Larache. Aunque los registros judiciales verificados en casa de Jordán, en la de sus amigos íntimos y en el *garage* de «La Española», de que el procesado era copro-

pietario, habían sido infructuosos, una elemental
visión de los hechos inducía a creer que el millón
no andaba lejos del «lugar del suceso». Teniendo
esto presente, pensó Unceta:

«Hay que apelar al corazón de Jordán. Si lo tiene, ahora es la ocasión de hacerle mi cómplice.
Aprovecho en mi favor el dolor de la madre y de la
esposa; si le queda un poco de ternura hacia ellas,
él hablará, para evitar a estas infortunadas mujeres
una prolongación indefinida del drama...»

Y así lo hizo. Habló a Jordán, y le dijo:

—Tu mujer y tu madre vienen. Están vigiladas
constantemente, lo sé, y aquí vendrían custodiadas
por la Guardia civil. Piensa en tu dignidad, y además en la de ellas y en su diaria tortura hasta
verse libres de este agobio policíaco. Si no pones
término a esta situación dolorosa, esas mujeres se
volverán locas. Esta situación es terrible. Tú debes,
si tienes un resto de cariño a los tuyos, poner en
claro el paradero del millón... Esto debe terminar...
Son tu madre y tu mujer las que sufren. Además,
si no entregas el millón, yo no te defiendo, no podría defenderte, porque nada te exime de culpa
mientras no hayas devuelto el millón que has estafado...

La frase vibrante, cálida, categórica, del buen Unceta llegó al corazón de Jordán. Fué un éxito del
defensor, que se nos revelaba además como un gran
psicólogo. La «corazonada» de Jordán fué inmediata:

—Que venga el juez. ¡Voy a entregar el millón!

Y el teniente coronel Lombarte, acompañado del secretario, acudió al urgente requerimiento frotándose las manos. Con el hallazgo del millón podía considerarse terminada la labor del señor Lombarte. Lleno de satisfacción escuchó de labios de Jordán el propósito de entregar el dinero.

—Que llamen a Gargallo.

Gargallo, como ya sabe el lector, es el chofer protegido por Jordán, al presente compañero suyo en la Empresa de autobuses que hacen servicio entre Larache y Alcazarquivir y entre Larache-Arzila-Tánger.

—Que llamen a Gargallo. Yo le he entregado el millón para que me lo guardase, diciéndole que eran documentos de mi carrera.

Se mandó buscar a Gargallo en su domicilio, es decir, en el conocido *garage*, que ya vigilaban algunas parejas de la Guardia civil, discretamente distribuídas; pero Gargallo aquel día estaba de caza con algunos amigos.

Fueron al campo a buscar a los cazadores, el teniente Miranda, de la Guardia civil, y un sargento, trayendo en seguida a Gargallo, quien inmediatamente compareció ante el juez, siendo sometido a un breve interrogatorio:

—¿Le ha entregado a usted alguna vez el capitán Jordán un paquete de documentos?

—Sí, señor.

—¿Y qué le dijo al dárselo?

—Que no entregase el paquete más que a él o al juez.

—Pues yo soy el juez y puede entregármelo ahora mismo. ¿Dónde lo guarda?

—En mi casa.

El Juzgado entonces se trasladó al *garage*. El juez quedó esperando en el vestíbulo. Decidió no entrar en las habitaciones interiores, quizá para comprobar la complicidad de Gargallo.

Efectivamente; a poco, el teniente coronel Lombarte escuchaba un extraño ruido como de abrir una brecha en el pavimento... El célebre millón—en billetes de a mil—estaba oculto en el suelo y perfectamente cubierto de cemento. El juez, no dando ninguna muestra de interés, recibió el paquete y dejó en libertad al chofer. El millón fué depositado en la caja de la Comandancia de Artillería, donde se montó guardia especial, hasta que días después, por orden superior, se entregó en la Intendencia para que circulase.

Haremos constar que las 55.000 pesetas que con el millón célebre había estafado Jordán las tenía éste en su bolsillo, restituyéndolas al juez.

Gargallo quedó algunos días en libertad y fué levantada la incomunicación de Jordán; pero no muchos días después fué llamado el chofer por el juez, quien le interrogó hábilmente acerca del ruido extraño que se había escuchado en el acto de «extraer» el millón... El juez le hizo saber que aquello sólo tenía un nombre: complicidad.

Todo atribulado el Gargallo escuchó la diligencia
de procesamiento. ¡Él que no había sido más que
un hombre agradecido!... Sabía que el delito existía,
pero nunca creyó que su acto tuviese también carácter delictivo. Había guardado el dinero corres-
pondiendo a la protección constante de Jordán. ¡Una
protección funesta en este trance amargo! Todo no
había de ser comprar automóviles con el pródigo
Tesoro...

XIII

Intermedio búrlesco.—Surge un ojo avizor.—El detective y el "Moreno".—Labor subterránea... en alta mar.—Un triunfo a distancia.—El acólito de don Millán regresa satisfecho.

A los dos días de aparecer el millón...

Y aquí el cronista se cree en el deber de exponer un criterio particular que pudiera dar luz en el sensacional proceso. El cronista cree que en la busca del millón no se siguieron exactamente las normas dictadas por el espíritu sutil del detectivismo neoyorquino. Un «creador» de películas no hubiese hallado en el proceso instruído por el señor Lombarte esa serie de escenas admirablemente coordinadas y felizmente coronadas por el hallazgo del millón y del pico—porque ya vimos que había un pico—. El señor Lombarte no soñó con aparecer inmortalizado en el film. ¡Mal hecho! Su actuación ad-

mirable pudo ser dramatizada y ordenada en series
para el futuro solaz de la adolescencia ingenua...
¿Por qué no aprovechar esta insospechada coyun-
tura para obtener un puesto entre los príncipes del
salón obscuro? No la utilizó el modesto y querido jefe
y dejó—¡oh imperdonable ligereza!—que un súbdito de don Millán, el héroe popular, recogiese tales
laureles. Este súbdito de don Millán vino de Madrid
a crear de nuevo—a «recrear»—el tipo inmortal de
Sherlock Holmes. Y «recreó», si no al tipo, a la
multitud. Un día apareció en las playas de Larache
un hombre misterioso. Traía una misión delicada,
delicadísima. Todo sigilo era escaso. Nadie debía
darse cuenta de su llegada... ¡Venía en busca del
millón!

A nadie conocía en Larache, donde no había estado hasta entonces... ¿Por dónde comenzar sus ave-
riguaciones? Acaso—pensó—sea mejor darse a conocer a una persona que inspire confianza... Será
mi aliado. Además me pondré al habla con el ex
diputado señor Montes Castillo que, como interventor del Parque, me podrá contar muchas cosas... Sí;
el señor Montes podrá servirme de mucho... Mi gestión será difícil, pero gloriosa. ¡Ahí es nada: la cap-
tura del millón!

Cuando el vapor llegó frente a Larache, Sherlock
Holmess alió del camarote, seguramente algo marea-
do por la molesta travesía, y se acodó en la borda.
El barco había anclado en bahía, pues ya sabemos
que por el escaso tiempo que cuenta el Protectorado

—sólo unos once años—no ha podido aún hacerse un embarcadero ni un puerto, futura gloria del esfuerzo español. Por ahora no hay, como decimos, ni atracadero; pero nuestros nietos, gracias a los millones que patrióticamente cruzan el Estrecho, podrán aplaudir la obra magna...

Decíamos que el insigne colaborador de don Millán, en plena bahía, frente a Larache, sintió toda la emoción del solemne instante. Larache, estuche de recuerdos de épocas historiadas; montón abigarrado de casas que corona la torre gallarda de la Comandancia general, se ofrecía a Sherlock Holmes—le seguiremos llamando así—como una interrogación... ¡Ahí hay, ¡ay!, un millón perdido—diría—y yo vengo a buscarlo! ¿Será tan complaciente que se deje atrapar? ¿Será tan ingrato como Casanella? Amorosamente le acogería en mis brazos...

Un viejo remolcador interrumpió sus profundas reflexiones. Venían a recoger el pasaje. Uno de los primeros en saltar al barco fué un muchacho popularísimo—ese popularísimo tipo que no falta en ningún muelle—. Era el «Moreno», llamado así por su cara tostada, broncínea, orlada por un pelo anillado, de senegalés...

«¡Este es mi hombre!», pensó el detective. Y rápidamente cambió la gorra por un sombrero cuya ala bajó misteriosamente... El gran mensajero policiaco empezaba a desarrollar sus iniciativas.

—Mira, muchacho: ¿tú conoces al comandante Montes, de Intervención?

Y muy misteriosamente agregó:

—¡¡Porque soy el detective especial del Gobierno para buscar el millón!!

Como se ve, el sigilo del detective era inaudito. Su delicada misión empezaba bajo los mejores auspicios. Pero el «Moreno» apenas le dió importancia a la cosa, porque despectivamente se encogió de hombros y le dijo:

—¡Ande ya! Pues viene usted fresco. ¡El millón ya ha aparecido, hombre!

Sherlock Holmes respiró profundamente. ¡Oh, de qué peso tan enorme le habían aliviado! Y es que sin duda alguna sabían su llegada, y temiendo su mirada perspicaz, habían hecho entrega del dinero... ¡Era él mucho policía!

Y no habiendo más millones que buscar regresó felizmente a Madrid, donde no sabemos si por falsas envidias no se le organizó ningún banquete. El cronista pide que se tenga en cuenta este viaje fructuoso del discreto policía. A distancia consiguió uno de los mayores triunfos de su vida.

Y cuando en la «peña» del café predilecto se hable del asunto del millón de Larache, él arqueará las cejas y delicadamente apuntará el triunfo obtenido...

XIV

A caza de un millón.—«Se desea una señora millonaria de más de cincuenta años de edad.»—Una campaña aislada.—Una protesta viril.

¿Qué se pensaba en la Península acerca del escándalo? ¿Qué corrientes de opinión se produjeron, qué iniciativas se pusieron en práctica?

La opinión se alarmó no poco al ver con qué facilidad podía sustraerse un millón de los muchos que le faltaban a la Hacienda pública; las autoridades se alarmaron bastante más; tal fué su alarma, que empezaron a presentar síntomas de locura.

Se empezó a buscar a Jordán por donde no había modo de hallarle, pues estaba muy reposadamente en Larache, a cargo de un oficial y una guardia. Se registró la casa de Jordán en Ronda, donde no estaba el millón... ¿Por qué había de estar allí?

Por último, se dió francamente el paso a lo ridículo, ordenando detener a todas las señoras de más de cincuenta años que viajaran por los tre nes del Sur con maletín, esperando cándidamente detener el millón que, solapado y alado, había ido desde Larache por el aire a encerrarse en el maletín de una señora ajena a la tragicomedia. La madre política de Jordán, a quien quiso la Policía arrancar el millón famoso, nada sabía de tal huésped.

En cuanto a la Prensa...

Se embozaba el hecho con estas anodinas palabras: «Se sabe que hay grandes complicaciones y que el asunto trae gravísimas derivaciones. *La Acción* hizo una campaña. *El Sol*, que también se ha ocupado mucho de este asunto y lo ha comentado enérgicamente, publicó el 30 de septiembre una nota simpática, llena de viril entereza, redactada por la Cámara de Comercio de Zaragoza, en la que se pide justicia a los Poderes públicos, y dice así:

«Esta Cámara de Comercio y de la Industria de Zaragoza, hondamente preocupada por las noticias reveladoras de graves anormalidades ocurridas en la Administración militar de la Comandancia de Larache, ha resuelto dirigirse a V. E. en súplica apremiante de que estimule el celo y actividad de los que hayan de hacer justicia en tan ingrato negocio, para que se esclarezcan con prontitud y diafanidad los hechos acaecidos y pueda devolverse de esta manera la calma a la sufrida masa de contribuyentes, tan justamente alarmada con este motivo. No es misión propia de nuestra Cámara acusar a nadie ni convertirse en fiscal de ajenas jurisdicciones; pero sí es materia de su función genuina vigilar el destino que pueda tener el dinero que a manos llenas vierte el contribuyente en las arcas del Tesoro, substrayéndolo a otras fructíferas aplicaciones.

Estima nuestra Corporación que ahora, cuando se están mermando las energías fomentadoras de la riqueza pública y el común bienestar tan sólo para poner a cubierto la dignidad de la Patria y la solvencia del Estado, es inexorable una mayor escrupulosidad en la intervención de esos fondos a tanta costa reunidos. Si el país no advierte los efectos inmediatos de una resolución firme que acabe con la posibilidad de que se repitan los rumores, murmuraciones y denuncias que pueblan el ambiente de explicables desconfianzas, no habrá modo de educar al contribuyente en una severa y razonada disciplina. Si al depurar estas responsabilidades se procede con voluntad tan remisa como en otros casos y ocasiones, no se podrá vencer la resistencia de los obligados a levantar la carga pública. ¿Con qué derecho ha de extraer el fisco sus exacciones si al ciudadano no se le ofrecen garantías de que la parte que el Estado toma del fruto del trabajo de los particulares se aplicará total y exclusivamente al beneficio de la nación y no al provecho de unos cuantos individuos privilegiados? La Cámara espera de la rectitud de V. E. y del Gobierno de su digna presidencia que su voz justiciera no ha de perderse hoy en el vacío.»

XV

El juez número 2.—El Club subterráneo.—Un ingenuo optimista.—Jordán hace graves acusaciones.—
Fraternal complicidad.—Un careo histórico.

En armonía con lo propuesto por el teniente coronel Lombarte en su testimonio dispuso, el general
Sanjurjo que el coronel de la media brigada de cazadores don Manuel González y González abriese un
nuevo proceso. La turbia gestión administrativa del
Parque exigía mucha luz. Había que revisar igual-
mente la liquidación de los Cuerpos, que, como sabe
el lector, ajustaban a fin de mes, y a espaldas de la
legislación, sus beneficios.

Paralela a esta labor depuradora se venía ejer-
ciendo otra que pudiéramos llamar perturbadora. Se
trabajaba en la sombra con tanta intensidad como a
la luz. Dos bandos conocidos actuaban. Uno, el de
los oficiales del Parque, que antes de ser procesados
aun pretendían serenar la tempestad y evitar salpi-
caduras del fuerte oleaje... «Se quería tapar el asun-

to...» El otro bando lo componía el procesado Jordán, que iba actuando por su cuenta, diciendo a todo el mundo «cosas» inauditas. Con esto, ¿pensaría intimidar al grupo opuesto o inhibirse de responsabilidad repartiéndola equitativamente entre unos cuantos? Había almas ingenuas que aseguraban que todo podía quedar arreglado restituyendo el millón los compañeros de Jordán y obligando a éste a separarse del Ejército para que con toda tranquilidad de ánimo—localizado el *caso*—, y alejado ya de todo contacto con la administración del Estado, viviese el resto de sus días entregado a la placidez de una conciencia tranquila y bien nutrida.

Pero estos juicios eran de una ingenuidad de párvulo. El juez actuaba ya. Era imposible atajar el incendio.

* *

Es notable el aire de fraternidad, un poco sospechosa, de falta de subordinación con que se venía realizando la gestión administrativa del Parque de Larache. Por ello se explica que al surgir el ruidoso incidente con uno de los «hermanos», el resto exteriorizase evidentemente el carácter doméstico que revestían las operaciones del Establecimiento.

Y he aquí una prueba. Cuando por primera vez una tarde fué llamado Jordán al Parque a declarar por el juez González, al salir del aposento donde se había constituído el Juzgado pasó junto al comandante director del Parque, Muñoz Calchinari, el cual le miró con ojos entre compasivos y de reproche, diciéndole entre dientes:

—¡Yo que te quería como a un hijo! ¡Mira el «lío» que has formado...! ¡Qué malo eres!

A lo que Jordán contestó con lágrimas en los ojos, muy significativamente:

—Ya sabe usted que yo no soy malo. Que los malos son ustedes...

El interventor Montes Castillo y el capitán Bremón no cesaban de recomendar a los compañeros, refiriéndose a Jordán:

—¡Que suelte el millón! Que no sea tonto...

—¡Que suelte el millón! Que no sea tonto...—repetía también el comandante Muñoz.

Gran estribillo para cerrar líricamente un cuplé, patriótico por supuesto:

«¡Que suelte el millón!»

Jordán, en los primeros días del proceso, cuando recibía las visitas de sus íntimos, se arrojaba en sus brazos sollozando, diciéndoles que era víctima de una infamia puesto que le acusaban sus «compañeros» de haber robado un millón. (También olvidaban su «pico», ese pico de cincuenta y cinco mil pesetas que a nadie seduce al parecer...) Y ante las excitaciones de sus visitantes a que se defendiese, se alzaba enérgico y llamaba una porción de cosas terribles a sus colegas.

—¡Se quieren *tragar* el Parque!—decía en un

arranque de excesiva intimidad; y en cierta ocasión
sacó un fajo de papeles del bolsillo diciendo:

—Aquí tienen ustedes compras hechas para el
Parque que no existen. Esta compra de 380.000
pesetas de cebada, en Casablanca, es mentira. Y
esta también, y esta, y esta. Documentos falsos
que facilitan los contratistas en combinación con
ellos... ¡Tengo en mis manos las pruebas! ¡Me las
pagarán todas juntas!...

Y así iba enseñando documentos pintorescos de
compras imaginarias, y entre ellos una relación sensacional para el reparto de los beneficios del millón
famoso. Estaba escrita de puño y letra del comandante Muñoz Calchinari, director al parecer del «movimiento económico», y se distribuía de la siguiente manera:

70.000 pesetas a determinada persona de Madrid.

60.000 pesetas para el intendente regional de Larache, señor Cánovas.

8.000 pesetas para otra persona de Larache ajena
al Parque.

60.000 pesetas para el comisario de Guerra señor
Montes Castillo.

100.000 pesetas para el propio comandante Muñoz Calchinari (que por lo visto practicaba el viejo
refrán de «que el que parte y reparte, etc.»).

40.000 pesetas para el capitán Bremón.

40.000 pesetas para el capitán Mauro Rodríguez.

20.000 pesetas para el capitán Jordán.

Figuraba también una buena cantidad para gratificaciones extraordinarias al personal auxiliar.

Jordán prometía a todos defenderse con estos documentos—los oficiales de guardia del batallón de
Las Navas, que vigilaban al procesado, podrían ates-
tiguarlo—y acusar a sus detractores con todas sus
pruebas formidables; defender la propia honradez y
delatar a todos los que se albergaban bajo el techo
hospitalario del Parque.

XVI

**Las misteriosas relaciones.—Claves aritméticas.—
¿R. I. P.?—Un inocente a la sombra y unos cul-
pables al sol.—Se rectifica el error.—Los chorros
salen a la luz.**

El coronel González, designado para el nuevo proceso, no se dió un momento de reposo. Libros, documentos y almacenes del Parque, todo fué celosa-
mente intervenido por el instructor, y fueron toma-
das nuevas y continuas declaraciones, logrando
apoderarse de una de las misteriosas relaciones re-
dactadas para el reparto de los «beneficios».

Estas relaciones son muy curiosas. Una, la de
clave, está unida a la causa del teniente coronel
Lombarte. Como dato curioso, anotemos que las iniciales R. I. P. correspondían al capitán Bremón. La
otra relación está unida a la causa del coronel González, y sólo figuran las iniciales de los «beneficiados», de fácil deducción. Ya conoce el lector la distribución ¡tan copiosa! del famoso y mensual «dividendo».

Entre tanto, el chofer Gargallo nombraba defensor a uno de los más ilustrados jefes de la plaza: el
teniente coronel de Caballería señor Gil Picache,
licenciado en Ciencias y director del Patronato de
Enseñanza—un centro de gran eficiencia que ha
existido muchos años sin que lo apoye el ministerio de Instrucción pública, que así colonizamos...—.
Este cultísimo jefe tomó con gran cariño la defensa
de Gargallo, disponiéndose a hacer por su defendido todo lo humanamente posible. Vió en éste un
hombre honradote que, al guardar el dinero entregado por Jordán, no hizo sino corresponder a los
favores que habíale prestado el capitán. Era, sencillamente, pagar una deuda contraída.

Con este convencimiento, con plena intuición del
caso, Gil Picache, poniendo en evidencia la energía
y al propio tiempo la delicadeza de su espíritu, im-
primió al proceso un rumbo rápido. Él sabía que los
jefes y oficiales de Intendencia se repartían fuertes
sumas, y que para reunirlas eran precisos artes y
actos inmorales. Él sabía que, a pesar de todo esto,
estos jefes y oficiales continuaban paseando a sus
anchas por las calles de Larache, mientras un pobre
ser inofensivo, ya hemos dicho que era un buen
hombre agradecido, estaba encarcelado. Los autores del delito, libres; a la sombra el más inocente,
el que pudo haberse llevado el dinero cuando se
formó el revuelo y Jordán fué encarcelado, y no lo
hizo. No podía ser así. Indignado, Gil Picache mar-
chó a Tetuán a gestionar la libertad de su defendido.

Recabó justicia del alto comisario y se avistó con
el auditor general, haciéndoles presente que no podía tolerarse el hecho vergonzoso de que, mientras
estaba encarcelado uno de los pocos hombres honrados que figuraban en el proceso, gozasen de libertad los autores de tanta estafa al Estado y al país.

El general Burguete le prometió intervenir eficaz-
mente. Afirmó que participaba de tan honorables
sentimientos y que marchase tranquilo. Había ya
dispuesto que el general Gil Yuste interviniese en
las nuevas gravísimas derivaciones y ramificaciones
del proceso; y antes de regresar el teniente coronel
Gil Picache a su residencia, ya la Alta Comisaría
había telegrafiado al juez especial, coronel González
y González, interesando urgentemente el procesamiento del personal del Parque. El 30 de septiembre el juez acordó el encarcelamiento de este personal, compuesto del comandante director, don Emilio
Muñoz Calchinari; interventor, don Juan Montes
Castillo, y capitanes don Fernando García Bremón y
don Mauro Rodríguez Aller.

La alarma que se produjo entonces en Larache, la
apacible Arcadia, fué enorme. El sentir general podía traducirse en estas palabras:

—Ya se comienza a hacer justicia...

Los procesados fueron recluídos en dependencias
del campamento de Nador, menos el comandante
director del Parque, señor Muñoz, que por padecer
una angina de pecho—agravada ahora como es de
suponer—pasó en calidad de enfermo al Hospital

Militar de la plaza. Jordán, desde fecha anterior, había sido recluído en la prisión militar de Alcántara, a unos tres kilómetros de Larache, donde continuaba.

Otra diligencia inmediata del juez González fué la ya expuesta de avisar a los Bancos de la Península para que fuesen intervenidas las cuentas corrientes de los interesados.

XVII

La Caja no funciona.—Una escena ejemplar.—Nueva telegrafía.

Contra lo que muchos suponían, el coronel González resultó bastante bien enterado de la documentación de un Parque de Intendencia.

En los primeros momentos el señor González no cesaba de exclamar:

—¿Qué lío es éste...? ¡Pues no lo entiendo!—frases características en él precisamente cuando se está dando cuenta perfecta de las cosas.

Las enrevesadas cuentas del Parque de Larache fueron a poco cosa fácil para el avisado juez.

Poco después de intervenir la Caja, que resistiéndose a la justicia no pudo abrirse en los primeros momentos y hubo de ser descerrajada, el juez siguió examinando e incautándose de libros y documentos en sesiones de seis y ocho horas diarias, después de las sesiones de la mañana. El *bodrio*, como llamaba Jordán al escándalo administrativo, se ponía mal.

7

En una de estas sesiones, el coronel González estaba sentado en un gran *bureau* del despacho del capitán Bremón, en el Parque. Frente al juez, estaban los libros y la caja de caudales... *Actualicemos la escena, que es la más edificante de la tragicomedia:

Se va examinando la documentación y el capitán Jordán presenta al juez libro tras libro todos aquellos que contienen hechos delictivos.

Jordán se apoya en el estante de la mesa, que por llegarle al pecho tapa al juez medio cuerpo del procesado. Con éste están, como en rueda, los demás. Al llegar a presentar uno de los libros que examina, el comandante Muñoz por un lado y por otro el capitán Mauro dan a Jordán tirones de la guerrera, cosa que, como ya decíamos, no puede ver el juez por impedírselo el estante del *bureau*. Y así como una raya y un punto en el Morse son la *a*, y así sucesivamente, resulta que, según los hechos y situaciones en que uno se encuentre en esta vida, un tirón de esta clase por ambos lados de la guerrera o varios tirones seguidos quieren decir por telegrafía convencional algo que Jordán tradujo por una promesa o por un suspiro de cada uno de los que tenía a su lado...

Esta escena la contó después Jordán a sus amigos; pero no les dijo si había accedido a esta súplica; lo único que se sabe es que se trataba de un libro famosísimo en el que constaban las gratificaciones que recibía el personal de auxiliares del Parque y alguna tropa del mismo, gratificaciones—¡caso

escandaloso que explica la colaboración de todos!—
que fluctuaban entre el importe del sueldo de comandante y el de general del Ejército... ¡Esto es lo
que explica y aclara el enorme reparto de las notas
manuscritas por el comandante Muñoz!

Pues a pesar de todo esto, aun en aquellos días
de revisión de cuentas y documentos, el comandante Muñoz y los capitanes Bremón y Mauro gozaban
de libertad completa, asistiendo al teatro algunas noches y comentando en muchos sitios la *estafa* de
Jordán...

Esta situación absurda fué la que obligó al digní-
simo teniente coronel Gil Picache, defensor de Gargallo, a hacer su viaje a Tetuán y preguntar al alto
comisario si quedaba aún justicia en España...

Y fué cuando se encarceló a los delincuentes.

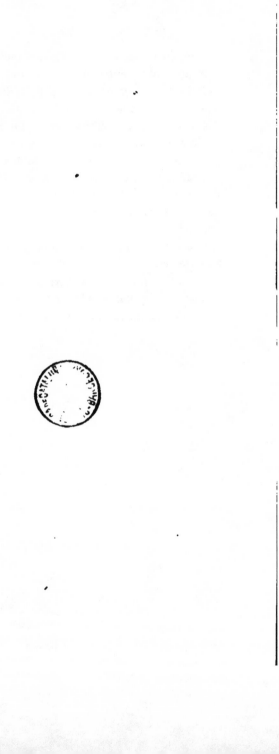

XVIII

Intervención fracasada.—Viajes inútiles y notas ingenuas.—Cánovas se va.—Los demás tienen que
esperar un poco.

¿Cuál era entre tanto la actitud del Cuerpo de Intendencia frente al escándalo de Larache?

Preocupada la Junta Central—digámoslo claro, la
Junta de Defensa, aun no disuelta—, envió a Tetuán una Comisión de jefes del Cuerpo que inmediatamente se puso a las órdenes del alto comisario,
a quien saludaron y se ofrecieron para ir a Larache
a intervenir allí en el proceso, como investigadores.

El ofrecimiento no se presentaba «muy claro»...
Claro es que el general Burguete—para quien todo
elogio sería escaso por su acertada y serena labor
en el proceso—no aceptó el ofrecimiento. Les dijo
que tal intervención era superflua, ya que los jueces
estaban actuando con toda intensidad y él había
asumido el carácter de autoridad judicial para intervenir directamente en el proceso.

La Comisión del Cuerpo regresó a Madrid en vista
del fracaso de su generosa labor interventora.:. Los
maliciosos insinuaron comentarios diabólicos... Comentarios que también inspiró cierta nota dada a la
Prensa con motivo de una campaña periodística. A
alguno le pareció inocente y candorosa la tal nota
oficiosa del Cuerpo despué de denunciados tales
excesos en la gestión administrativa.

He aquí algunos párrafos de la nota de referencia,
publicada en la Prensa con el fin de contrarrestar
los efectos de la aludida campaña y «orientar» a la
opinión:

«El Cuerpo de Intendencia, ante la persistencia
de la campaña que sobre la Administración de Guerra hace un periódico, a consecuencia del desfalco
descubierto en el Parque de Intendencia de Larache,
debe hacer constar, a fin de que la opinión pública
no se extravíe, lo siguiente:

Primero. Que el asunto se halla sometido a la
acción judicial, la cual obrará con la rapidez y energía con que procede la justicia militar.

. . . .

Tercero. Que el que unos funcionarios del Estado hayan podido cometer actos delictivos, por los
cuales se hallan sometidos a la justicia, o realizar,
por lo menos, hechos incorrectos, no puede hacerse responsable al Cuerpo a que pertenecen, ni es
lícito suponer que en los demás servicios que éste
tenga a su cargo ocurran anormalidades.

Cuarto. Es absolutamente falso el que la Administración compre al comercio y venda al Ejército, careciendo, por consiguiente, del carácter de intermediario que el articulista le asigna, ya que los Cuerpos adquieren directamente su vestuario y equipo y los víveres para sus hombres, sin más excepción, por lo que a los últimos artículos se refiere, que la de que en Africa, y con el fin de mantener repuestos, en previsión de que los Cuerpos encuentren dificultades para su adquisición directamente en algunas ocasiones, los Parques de Intendencia suministran durante doce días al mes víveres a los Cuerpos, haciéndose posible de esta manera su renovación.

. . . .

Sexto. Que la Intendencia, aun cuando la lógica de los profanos en organización militar crea otra cosa, sólo tiene encomendados por completo el suministro de pan y pienso y los servicios de acuartelamiento (excepto locales), campamento y transportes, en su parte ejecutiva, precediendo siempre a los suministros que efectúa la aceptación y la conformidad de las correspondientes Juntas, en las que están representados el mando y los Cuerpos perceptores.

Séptimo. Que la Intendencia procede a la compra de los artículos que necesita por medio de subastas o concursos, con arreglo a los preceptos de la ley de Contabilidad, dándoles la publicidad debida y celebrándolos públicamente, pudiendo, quien quiera tomarse ese trabajo, comprobar los precios

de las adquisiciones en el *Diario Oficial del Ministe-*
rio de la Guerra, que mensualmente los publica.

Octavo. Que el Cuerpo de Intendencia, atento
siempre al cumplimiento de sus deberes y celoso
de su prestigio, ha tomado en esta ocasión, como
hizo siempre, las determinaciones que la dignidad
y el decoro corporativo aconsejan.»

Esta «determinación» de la Junta de Defensa de
Intendencia fué la de invitar a los procesados a que
solicitasen la separación del servicio. Se olvidó la
Junta de Defensa—siempre tan celosa—de toda la
anterior gestión administrativa hecha en los Parques, gestión que debía fiscalizarse... En esta fraternal sentencia estaba incluído el teniente coronel
Cánovas, jefe de los servicios del Cuerpo en el te-
rritorio.

Al recibir la «invitación» de la Junta Central de
Intendencia, el teniente coronel Cánovas se apresu-
ró a entregar al general Sanjurjo una solicitud pidiendo el retiro, sólo con este comentario:

—¡Qué débil se ha mostrado el Cuerpo en mi
caso!...

En cuanto a los procesados, no era factible resolver sus instancias, en el caso de que las formulasen,
hasta que no recaiga fallo en el proceso.

XIX

**Por el honor del Cuerpo.—Jordán se desdice.—Un-
ceta se inhibe.—Otras inhibiciones.—Visitas misteriosas.—¿Hubo cotización?...**

Pero... las posteriores declaraciones de Jordán des-
barataron todas sus primeras gallardías. Prometió
descubrir mucho y no quiso descubrir nada. Uno de
los jueces nombrados posteriormente para investigar
las derivaciones del proceso se lamentaba de que en
los primeros días se dejó pasar el tiempo. Se debió
haber llevado al papel judicial todo cuanto en los
primeros momentos se pudo llevar... Jordán, más
tarde, no ha mantenido sus gravísimas acusaciones.
Pasó de fiscal a defensor. Y esto podría tener una
demostración bien evidente. El capitán Viqueira,
amigo íntimo de Jordán, en su deseo de defender a
éste, había declarado ante el juez todas cuantas inmoralidades administrativas conocía por Jordán,
quien le había hablado de todos los documentos fal-
seados, operaciones imaginarias, *distribuciones* ópi-

mas, cuantía del dividendo y nombre de los perceptores... Pero debió ser equivocada la situación entre
ambos amigos y dispares sus afirmaciones, ya que
el juez se vió obligado a ordenar un careo entre Viqueira y Jordán. Viqueira sostuvo frente a Jordán lo
que había declarado y éste no tuvo más remedio
que declararse conforme, quedando acreditada de
esta forma en el proceso, por medio de tal diligencia
y por varios documentos que el Juzgado pudo recoger, la veracidad de todo cuanto en un principio había denunciado Jordán.

Este fué el motivo de haber extraído el juez un
testimonio del careo como primera diligencia de ul-
teriores actuaciones; testimonio que fué cursado a la
autoridad correspondiente. Entonces, por el alto comisario, y a petición de Sanjurjo, fué nombrado otro
juez especial, el general Gil Yuste, para la instrucción del nuevo procedimiento a que tan graves acusaciones daban lugar. En primer término, y como
sombra negra del proceso, se extendía la ya célebre
relación escrita por el comandante director del Parque, en que se descubrían ramificaciones que llega-
ban hasta Madrid... La relación era el pulpo grosero
que oprimía entre sus tentáculos a multitud de personas que, bien lejos de allí, dormían confiadamente
el sueño plácido que da la vida honorable e impoluta...

* *

Vino al poco tiempo de Tetuán el tercer juez, general Gil Yuste, acompañado de su secretario, e inmediatamente hizo comparecer a Jordán.

Desde este momento se opera en él un cambio brusco de conducta. Hubo un período de tiempo en el que el procesado recibió numerosas visitas que influyeron hondamente en su ánimo. Hubo quizá demasiados parlamentarios en uno y otro bando, entre los amigos de Jordán y los de la honorable cooperativa doméstica... Desde este momento se tuerce el rumbo del proceso. El general Gil Yuste recibe declaración al capitán Jordán y le invita a reiterar y comprobar sus manifestaciones. Jordán niega la autenticidad de los hechos denunciados. Atribuye a los fundamentos de sus anteriores declaraciones un simple valor confidencial. Dice que se trataba de «conversaciones particulares sostenidas con Viqueira», desprovistas de toda causa comprobable. Cuando Jordán salió de prestar esta declaración ante Gil Yuste, habló con sus íntimos, a quienes les hizo saber cuanto había declarado ante el juez... Y añadió «que todo lo había hecho por el prestigio del Cuerpo de Intendencia».

Y también sería oportuno anotar que, antes de prestar esta declaración, Jordán tuvo una íntima conferencia con dos compañeros suyos—uno de ellos no procesado—. ¿Fueron éstos los mensajeros de una colectividad torturada por el agobio de una acusación, que iba a quemar el último cartucho «por el honor del Cuerpo»?

Desconocemos las causas, aunque ya hemos apuntado lo externo de las mismas. Los efectos sí que
son excelentes: Jordán comenzó a negarse a sí mismo, por afirmar a los demás. Si esta afirmación fué
o no cotizada, en otro lugar lo veremos. Después de
todo, también la honorabilidad tiene su precio, lo
mismo que la violación...

Entonces surge en la tragicomedia un personaje
simpático: Unceta, el comandante de Artillería, defensor de Jordán, quien enterado de la actitud de su
defendido al prestar las últimas declaraciones se in-
digna y escribe una carta notificándole que, «por haber sabido que estaba llevando a cabo actos relacionados con el proceso sin su aquiescencia y en pugna con la verdad, estimaba que no existía entre
defensor y defendido la verdadera trabazón de in-
tenciones, el verdadero y leal espíritu de unión que
fuese de desear», y le rogaba que le dispensase de la
defensa y nombrase otro defensor.

En definitiva. Al comandante Unceta le asqueó el
espectáculo lamentable de un hombre que alardean-
do en un principio de valentía y deseo de que se hiciese luz en la tenebrosa administración, resultaba al
fin incapaz de llevar al último extremo su palabra...
Le asqueó el espectáculo de un hombre que al principio se propuso herir en pleno vientre a los henchi-
dos con el oro nacional dilapidado y luego concluye
por entonar una oda al honor y abominar, eso sí,
del sistema, ¡porque el sistema evidentemente no
entraba en el reparto! ¡Sagacidad de hacer intervenir

a una entidad abstracta para hacerla responsable de todos los pecados de los seres de carne y hueso! Así, una mujer que se prostituye suele decir: «¡Cosas de la vida!» ¡Y la pobre vida carga con toda la responsabilidad!

* *

No sólo se inhibió Unceta, el defensor de Jordán. También se inhibieron otros Uncetas mayores, jurídicamente se entiende.

Al ser procesados Montes Castillo, el director Muñoz y los capitanes Bremón y Rodríguez Aller, buscaron defensores entre los que suelen discutir y defender millones nacionales... Sonaron los nombres de Melquiades Alvarez y Alcalá-Zamora para los dos primeros. Pues bien: estos dos políticos renunciaron a tal honor... porque no veían sin duda muy claro el asunto.

En ocasión de recibir Muñoz Calchinari la visita de un amigo en el Hospital Militar, donde como sabemos se hallaba el comandante, llegó un telegrama del señor Alcalá-Zamora excusándose de no poder tomar a su cargo la defensa... Esto aterró al señor Muñoz, que difícilmente se calmó con las palabras del amigo:

—No se apure usted—le decía éste—. No pasará nada...

A lo que respondió el comandante:

—No me apuro, señor; pero yo necesito quien me-

defienda... Yo no soy autor del sistema. Porque esto
del Parque es un sistema viejo, querido. Yo no he
inventado el sistema. Al hacerme cargo del Parque,
he tenido que seguir el camino trazado por todos
mis antecesores, cosa que puedo probar siempre...
¿He de ser yo el que cargue ahora con las consecuencias?... Por eso, querido, necesito quien me defienda...

A los pocos días comenzó Muñoz a dar señales de
enajenación mental, siéndole imposible seguir to-
mando parte en las diligencias judiciales. Se negó
también a tomar alimento, y cuando el juez intenta-
ba tomarle nuevas declaraciones se metía debajo de
la cama, maullando como un gato perseguido, los
ojos desorbitados, erizados los cabellos...

La renuncia de Alcalá-Zamora fué tal vez una de
las causas que influyeron en que el director del Parque de Larache perdiese la razón.

XX

La máquina interrumpe su marcha.—De nuevo
comienza a funcionar.—Una Comisión para intervenir a un interventor.—Algunas breves acota-
ciones.

Por Real orden de 14 de septiembre, y en pro-
puesta extraordinaria del Ministerio de la Guerra,
causaron baja en el Parque de Larache los procesados, y fueron designados para cubrir las vacantes
el comandante afecto al Estado Mayor Central del
Ejército don Ricardo Lacal, como director en comisión del Establecimiento, y los capitanes don Martín
Urosa, don Arturo Moreno y don Javier Derqui
para jefe del detall y depositarios de efectos y caudales, respectivamente. También fué destinado como
intendente regional en vacante del señor Cánovas
el teniente coronel don Adolfo Meléndez Cadalso, y
posteriormente como director efectivo del Parque
el comandante don Carlos Micó.
Con motivo de estar intervenida judicialmente la

documentación, caja de caudales y dirección, jefatura del detall y depositaría de efectos del Parque, estuvieron varios días interrumpidas las operaciones administrativas. El jefe y oficiales de nuevo destino pudieron al fin hacerse cargo de los servicios, cuyo funcionamiento había quedado suspendido.

La entrega de los servicios la presenció el juez instructor, e hizo constar en el expediente el estado y existencias de artículos y efectos que el nuevo personal recibía.

El 28 de octubre, el alto comisario, que ya tenía detallado conocimiento e informes amplios de todo lo ocurrido en el Parque, y con el propósito de llegar a una más depurada fiscalización de los hechos, dirigió una comunicación al comandante general de Larache diciéndole:

«Que con motivo de las irregularidades administrativas cometidas en el Parque, y en vista de que las operaciones practicadas en la realidad no concordaban con las anotaciones, libros y cuentas oficiales, tanto por lo que se refiere a caudales como a artículos y efectos que entraban y salían o existían de repuesto por fin del mes en que ocurrieron los hechos delictivos, y estimando que la labor a desarrollar era prolija para poder venir en conocimiento *siquiera aproximadamente del alcance y trascendencia de las irregularidades cometidas»*, y considerando conveniente que una Comisión pericial interviniese en el asunto, procedía nombrar a tres jefes

ajenos a los Cuerpos de Intendencia e Intervención,
para dictaminar sobre tales anomalías.»

El general Sanjurjo nombró seguidamente la Comisión a que se aludía, compuesta por tres comandantes de las armas combatientes.

Como se ve, el Cuerpo de Intervención es también *intervenido* por la Comisión. Esto nos demuestra que el Cuerpo de Intervención no es tribunal al cual se apele en última instancia para juzgar del incumplimiento de la ley administrativa. Por lo menos, en lo que se refiere al señor Montes Castillo, interventor intervenido, este Cuerpo vigilante estuvo poco alerta...

La Comisión no ha terminado su tarea. No ha emitido, pues, su dictamen. ¿Necesitará también esta Comisión otra que la intervenga? Esto sería una dolorosa cadena... Esta es, efectivamente, una escena de la tragicomedia nacional, donde en vano se busca al autor responsable... ¡Porque el responsable —dirán—es un «sistema», como si cosa tan abstracta como una norma colectiva, defectuosa o sabia, pudiese justificar nunca tantas vergonzosas y concretas prevaricaciones!

XXI

Entrevista con los procesados.—En el Hospital
Militar. — ¡Todo está consumado! — A Ciempozuelos.

Una entrevista con los procesados podía aclarar
muchas dudas o desvanecer algún error. Era deber
del cronista intentar ver a los procesados y así lo
hizo. Una tarde nos dirigimos al Hospital Militar,
donde se encontraba enfermo, como sabe el lector, el
ex director del Parque de Larache Muñoz Calchinari.
Había que convencerse de la supuesta locura que se
achacaba al procesado.

Atravesamos las largas galerías blancas del establecimiento en busca del pabellón de oficiales. Un
sanitario avisó nuestra llegada, y a poco nos vimos
ante un joven alférez de Intendencia, hijo del comandante Muñoz. Después de los obligados saludos,
nos dijo que su padre continuaba en grave estado
y que se había negado en absoluto a tomar alimen-
tos, siendo extrema su debilidad. Entramos en una

sala reducida y limpia donde había dos camas. El comandante Muñoz estaba allí sentado en una butaca y envuelto en una manta. Le saludamos y sólo nos dió por respuesta algunas palabras incoherentes.

—Yo no soy Muñoz—decía—; soy otro. Ya lo tengo todo arreglado. Todo está arreglado... ¡Todo! Soy otro.

Y en su mirada vaga vimos algo de ansiosa expectación... Había en sus pupilas una llama desesperante. Hubiese querido el cronista no ser contestado más que con los ojos, para que ellos hubiesen hablado libremente...

—No hay que apurarse, comandante—dijimos por decir algo—. Estos momentos son graves, y en ellos el hombre necesita apelar a toda su energía espiritual. Hay que gastar todas las reservas de valor. Todo se arreglará... Hay que pensar en recobrar la salud...

—¡Nada! Esos infames me quieren echar a presidio, me quieren matar... Pero yo el sábado termino. Todo está preparado... El sábado...

Terminamos la escena violenta. Un momento hablamos con el hijo del comandante Muñoz y con un oficial de Oficinas militares, que también estaba preso por un desfalco en la Habilitación que desempeñaba. Salimos en seguida a la calle un poco tristes por la penosa impresión. El comandante Muñoz está grave. Ya es sabido que padecía una angina de pecho y estas enormes preocupaciones le

aceleran el curso de la enfermedad. La sumaria
instruída, el giro desgraciado de los sucesos provo-
cados por Jordán, el convencimiento de que sus
subordinados le harían responsable de todas las
culpas agobiaron al comandante... Y sobre todas
las hondas preocupaciones está la de haber perdido
la curiosa relación—alma del proceso—donde el
propio director, de su puño y letra, distribuía concienzudamente el famoso millón... ¡En verdad eran
cosas para extraviar la razón del cerebro más sereno!

Días después de nuestra visita al comandante ex
director del Parque supimos que el coronel González había desistido de recibir declaración al procesado.

Decían los sanitarios que no dormía y que pasa-
ba las horas en constante y disparatado monólogo.
Esto aconsejó a los médicos solicitar su traslado a
Ciempozuelos.

A veces la locura de los «negocios» puede traer
esta otra locura. No se puede gozar tan repentinamente de la fortuna.

¿Pero es que el último negocio fraguado por los
detenidos no era como para volverse loco?

XXII

Otra vez Gargallo.—Gargallo tiene miedo a «salir» en los periódicos.—26.000 pesetas para... resultas. Elogio de un hombre agradecido.

Gargallo es ya antiguo conocido del lector. Es el paisano procesado por haber contribuído con su discreta reserva a la alarma producida ante la desaparición del millón... y pico. Recordemos alguna vez «el pico», que despiadadamente desprecian las informaciones, pero que es un pico serio: 55.000 pesetas.

Como sabemos, Gargallo ocultó el millón en el *garage*, y esto fué causa de que el juez militar le detuviese en la cárcel de partido de Larache.

Procuramos entrar en ésta para entrevistarnos con el procesado. La cárcel de partido de Larache es sencillamente una vergüenza; es una cueva infecta, sin ventilación alguna, enclavada en un piso bajo, donde asimismo, y sin más separación que unas maderas y unos cristales, a modo de mampara, de un par de metros de altura, están instaladas las oficinas de la Secretaría del Juzgado.

Conseguimos hablar con Gargallo. Cuando entramos en el cuarto del alcaide de la cárcel, vemos al procesado redactar unas facturas de gasolina y neumáticos de la Empresa «La Española», creada con el dinero de Jordán—varios autobuses «Panhard» de lujo—. Malas lenguas aseguran que la gasolina que alimentaba a estos autos procedía de los almacenes del Parque durante algún tiempo... Habrá que contrastar noticias, pues hay esparcidas por Larache no pocas afirmaciones análogas.

Como queda dicho, Gargallo examina unas facturas de combustibles. Al vernos, nos pregunta ansiosamente:

—¿Qué se dice de mi asunto? Yo creo que pronto me echarán a la calle, ¿verdad? Yo no he hecho nada, señor. Fuí un hombre agradecido que guardó fielmente a su protector aquel dinero, que no me dijo de dónde procedía... Se me recomendó que lo guardase y así lo hice... Otro hubiese hecho lo mismo, ¿verdad? Yo no fuí mas que un hombre agradecido...

Gargallo nos sigue hablando y confirma lo que ya dijo cuando la aparición del millón. Habla con entusiasmo de su defensor señor Gil Picache. Elogia la conducta gallarda de éste, que no vaciló en ir a Tetuán a trabajar la libertad de su defendido.

—¿Quiere usted decirnos qué participación tiene Jordán en la Empresa de automóviles?

Elude la respuesta para decirnos que de lo que Jordán tenía en dicha Empresa sólo le restan 26.000 pesetas... Y que piensa pagar esta cantidad a Jordán para que la Empresa quede toda de propiedad del interrogado.

Las 26.000 pesetas fueron entregadas después por Gargallo a Jordán—ignoramos cómo pudo reunirlas tan pronto—, y cómo se comprobó en el proceso que ésta era la única parte que Jordán tenía en el negocio. El juez se incautó de ellas para las resultas del proceso.

No será inoportuno repetir que Gargallo es un buen muchacho, laborioso y discreto... Y tiene mucho miedo a «que le saquen en letras de molde» y lean su aventura allá por el pueblo... ¿Qué dirán en el pueblo?...

No dirán nada, amigo, no dirán nada. Tu defensor ha afirmado esto: «Gargallo es una de las pocas personas honradas que hay en este escándalo.»

Nosotros hacemos constar aquí, haciéndola nuestra, esta afirmación honrosa. ¡Ojalá fuesen todas como ésta!

Gargallo—insistir es mejor que callar—no es mas que un hombre agradecido...

XXIII

Manos blancas no ofenden... al tesoro—Silencio y recelo.—Un plato de rancho obscuro y un «sistema» mucho más obscuro.

Para ver al comandante de Intervención y ex diputado a Cortes señor Montes Castillo y capitanes Bremón y Rodríguez (Mauro), presos en el campamento de Nador, solicitamos el correspondiente permiso del jefe del campamento. El teniente coronel Gil Picache se ofreció gustoso a acompañarnos.

Estaban los procesados, menos Mauro, en el umbral de la prisión, situada a la entrada del campamento general. Bremón leía. El ex diputado, envuelto en su gabán de paño verdoso y calzados gentilmente los guantes blancos, sus eternos guantes blancos. Les saludamos. Algo confusos nos contestan; una contestación que es una pregunta:

—¿Qué hay?

—Venimos a verles, porque el asunto del día es el asunto de ustedes y el deber de informadores nos obliga a molestarles... Para hablar de la estafa del millón había que recurrir a las verdaderas fuentes informativas, y en nuestro afán de recopilar datos... Sobre todo, algo que defina lo que entre ustedes y Jordán...

Dudaron un momento. Bremón nos dijo titubeando:.

—Verá usted... Nosotros estamos ya bajo la intervención de un juez... y nada podemos decir.

—Pero verán ustedes—insistimos—que el rumor público trae y lleva unas versiones del suceso que convendría esclarecer. Sería muy favorable al buen nombre de ustedes que ciertas acusaciones se restituyesen a su verdadero valor. Por el pueblo circulan historietas terribles. La gente recoge siempre lo peor... Además tienen ustedes enemigos que gozarán con engrosar la pelota de barro...

—¿Qué vamos a decirle? No podemos ya facilitar dato alguno. Algún día vendrá la hora de la justicia... El sistema...

(¡El sistema! ¡El sistema! La palabra «sistema» es para los complicados en este proceso—como lo es para todo el Cuerpo de Intendencia—una fórmula cabalística que lo descifra todo. ¡Como si el sistema pernicioso no hubiese estado a meced de su voluntad para dulcificarlo o suprimirlo!)

Este afán de buscar cómplices para repartir y atenuar la responsabilidad ha encontrado una solución falsa, pretendida de moralidad: el sistema. El sistema no explica nada. Por él no debe perdonarse nada.

No hablamos más. Entre el periodista que pretende sondar corazones y el procesado que sabe el valor de la pluma, hubo un paréntesis de silencio angustioso. Era preciso cortar rápidamente la entrevista.

Al salir, vimos a unos pasos reunirse a los soldados de cazadores para comer su rancho. Algunos rezagados acudían apresuradamente. Unos platos de condumio obscuro nos traían a la memoria todos los tristes horrores de este expediente... en el que aparecían unos hombres vestidos de honor disputándose las mejores y más sabrosas «tajadas». ¡Voraces estómagos, insaciables estómagos!... Caía el sol y quedó suspendido nuestro viaje informativo. Serenamente, en la soledad, continuamos hilvanando estas notas... Mañana se continuarán. Falta oír al primer héroe de la tragicomedia. ¡A la primera víctima del sistema... y al mejor estómago!...

XXIV

En la prisión militar de Alcántara.—Durmiendo al raso.—Jordán, salvador.—El cambio sospechoso.

Queda la visita de Jordán que, por estar recluído más lejos y por ser el protagonista de esta tragicomedia administrativa, exige más tiempo y atención. Es preciso ir a caballo a la posición de Alcántara, donde se encuentra la prisión.

Muy temprano montamos a caballo y nos dirigimos a Alcántara. Una fresca neblina gotea perlas sobre la escasa vegetación que bordea el camino. Montones de harapos se rebullen en los pequeños aduares que se extienden por la arenosa orilla del Luccus. De estas miserables chozas salen sucios moritos que durante el día van a la ciudad a limpiar botas y a recoger maletas a la llegada de los vapores y «autos» de la zona. Es una civilización pintoresca la de estos moritos, adquirida a la puerta de las copiosas tabernas, cafés y garitos de placer... De todas estas cosas no faltan en Marruecos en abundancia.

La prisión de Alcántara es una pequeña fortaleza
a la catalana que se alza sobre un suave montículo,
desde donde se divisa el sugestivo panorama del
Luccus zigzagueando entre huertecillos rodeados de
chumberas y arenales. Cuando llegamos a Alcántara, el centinela, envuelto en una manta, no nos im-
pide cruzar la alambrada que rodea la posición.

Preguntamos al centinela por el jefe de ésta. Un
oficial de la escala de reserva nos indica amable-
mente dónde podemos ver al capitán Jordán. Cuando llegamos a ver a éste, nos quedamos asombra-
dos. Jordán duerme fuera de la fortaleza, al raso. En
la pequeña garita del centinela ha instalado su cama
en tal forma, que sólo su cabeza queda dentro de la
garita; el resto de la cama queda fuera, y por lo
tanto el cuerpo del durmiente; y a juzgar por la
temperatura reinante, debemos suponer que Jordán
no debe tener muchos deseos de continuar en el
mundo... Lo peor es que arrastre consigo al pobre
asistente, que también como Jordán duerme en la
parte afuera de la garita, para atenderle en casos
urgentes.

Llamamos a Jordán, asomándonos por una de las
ventanillas de la garita. Podemos verle fumándose
un cigarrillo dentro de la cama, en una actitud me-
ditativa.

—¡Hola!—nos dice—. ¿Usted por aquí? Espere,
que ahora mismo me levanto.

Esperamos a que el capitán se levante, y entre
tanto recordamos la dolorosa tragedia de este hom-

bre víctima de su ambición y de la ambición de los demás. Conocíamos a Jordán hace mucho tiempo. En algunas operaciones realizadas por la columna Sanjurjo, a las que asistimos, Jordán actuaba como ayudante del jefe regional, teniente coronel Cánovas, retirado del Cuerpo como ya conocemos.

Surge de la garita, calzándose unas babuchas morunas y restregándose los ojos, el capitán Jordán, hombre de robusta complexión, rubio, casi rojo. He aquí el Quijote que desbarató el tinglado donde el sagaz Maese Pedro tenía tan bien ordenaditos sus muñecos, en un acto brusco, violento... Nos lo explicamos viendo a este hombre rojo, a quien todos los discípulos del dios Oro, todo el cenáculo de apóstoles amigos del Maestro «Sistema» acusan de traidor...

Se cruzan entre nosotros los ordinarios saludos. Poco después nos encontramos paseando por la explanada y charlando animadamente. Le rogamos que nos facilite nuevos datos para avalorar nuestra información. Aducimos nuestro sagrado deber de comunicar algunas razones de su extraña conducta al público, ávido de noticias. Que sus palabras tendrán un valor único para juzgar serenamente acerca del proceso...

Pero Jordán nos defrauda. Jordán ya no piensa igual que a raíz de su encarcelamiento. Jordán ya no es Jordán... ¿Qué se hicieron de aquellas bravas acusaciones lanzadas al comienzo del proceso? ¿Qué de aquellas viriles protestas, qué de aquellas afir-

9

maciones contundentes que amenazaban envolver en una ola de cieno a toda una colectividad? ¿Qué fenómeno inexplicable se ha operado en Jordán para que ahora afirme la absoluta inocencia de sus compañeros?

—Yo no he querido «robar» a nadie—dice—. Sólo he querido dar la campanada para que se normalice la administración del Ejército. Vea usted cómo entregué el millón en cuanto se empezó a escribir judicialmente. ¿Por qué ha de ser *tenido por lo que no es* el Cuerpo de Intendencia? Yo di el golpe para eso. Luego se me han acumulado muchas infamias... No he dicho nada de lo que se me atribuye. Los oficiales de Intendencia son todos dignos. Todas las enormidades que se han dicho son inciertas...

Le decimos que ya los jueces tienen el deber de aclarar todo eso... Que en el proceso hay pruebas alarmantes, a pesar de sus manifestaciones...

—¡Claro que las habrá!—nos dice algo turbado—. Pero es preciso que se vaya a restablecer legalmente la marcha administrativa, conforne a la reglamentación de los servicios del Cuerpo, ahora tan falseada... Hay que ver también la complicidad de los Cuerpos en el régimen de «beneficios»... ¿Por qué ha de estar Intendencia haciendo el «caldo gordo» a los Cuerpos?... ¡Por eso he dado yo la campanada!

Se confirma cómo en Jordán se ha operado un cambio sospechoso. Nada queda ya del capitán que en los primeros momentos cuando vió fallido su «chantage» mostraba documentos detonantes y amenazaba con «tirar de la manta», para descubrir a sus compañeros... que no le habían dejado escapar con el millón. Vacía ya la copa de indignación en los primeros momentos tan desbordante, ahora su espíritu era un lago en reposo. Del *hermano* traidor sólo queda el pelo rojo. Jordán se ha convertido en un San Juan bondadoso. Indudablemente ha surgido una mano habilísima que ha vuelto del revés el espíritu erizado del delator.

Ya sus compañeros son las personas más dignas del universo y el Cuerpo de Intendencia modelo de colectividades. De aquel Jordán no queda mas que un buen hombre rubio, que con lágrimas en los ojos nos habla de un ideal de reorganización, de un error de las gentes, que ven visiones... Y nos ruega que digamos la verdad de todo esto. ¡Claro que la decimos, infortunado capitán, claro que la decimos! ¡Le hace falta al país saber toda la dolorosa, toda la cruel verdad!...

Nos despedimos de Jordán, después de fumar unos cuantos cigarrillos. Le decimos que vamos a Madrid, donde saludaremos a nuestro antiguo comandante general, el general Barrera. Entonces Jordán nos suplica vivamente que hagamos bien presente al ilustre general, tan lleno de prestigios por su admirable labor realizada en esta zona marroquí, que cuantas declaraciones le achaca el vulgo son mentira, que él no ha podido mancillar con sus palabras la honradez acrisolada del antiguo coman-

dante general de Larache, ajeno a las ruindades que
a la sombra se tejían en el Parque...

* *

Días después, cuando en Madrid saludábamos al
general Barrera, subsecretario de Guerra, hablamos
con él en su despacho sobre nuestra charla con Jordán en Alcántara.

El general, este modesto general a quien acom-
pañamos en días de emoción al corazón de Beni
Aros para acorralar al Raisuni, nos dice por único
comentario:

—El chico, según sabe usted, tenía un empeño
grande por ingresar en Intendencia. Pues bien, he
decidido que no vaya a Intendencia...

XXV

Comentarios y bengalas.—No hay hombres teme-
rarios.—Unceta se retira definitivamente.—Unceta
se justifica.—Jordán, maquiavélico.

Hicimos un rápido viaje a Melilla, Ceuta y Tetuán, y hemos visto que, como en España, el desfalco del millón de Larache ha producido general
indignación. Abundan los comentarios, poco favo-
rables a los promotores del conflicto, y se aducen
anécdotas pintorescas, donde la oficialidad de Intendencia no sale muy bien parada. Todo queda,
no obstante, sobre el mármol de las mesas de café.
Charlas animadas, indignaciones baratas, a veces
de matiz personal; bengalas patrioteras que son
poco sospechosas de sinceridad, por tratarse de su-
jetos que nunca se vieron en el caso de poder de-
fraudar impunemente... Había que tener la valentía
de recoger estos comentarios, que son innumera-
bles y acaso muchos indocumentados; habría que
comprobar muchos casos de análoga índole al de

Larache y llevarlos al proceso. Los demás son foga-
tas de virutas. Una fugaz llamarada, y luego el viento que arrastra las cenizas. Era preciso mantener
viva la llama hasta lograr una definitiva reorganización de los servicios administrativos del Ejército.

* *

Cuando regresamos a Larache nos enteramos de
que el comandante Unceta ha renunciado a la defensa de Jordán, que había tomado a su cargo.

Preguntamos a este culto jefe las razones de su
decisión, y nos contesta:

—Verá usted. Al principio, cuando Jordán comenzó a retirar todas sus afirmaciones, origen del
nuevo proceso, tan categóricas y alarmantes, quise
dejar de defenderle; pero cediendo a sus súplicas y
a las de muchos amigos, continué defendiéndole.
Ahora, por un rumor público, que parece va alcan-
zando crédito, me he enterado de que Jordán ha recibido setenta mil duros por uno de los documentos que tenía en su poder. Y que harto de este
asunto enojoso, lo dejó definitivamente. He cursado un escrito—nos dice—a la autoridad judicial,
en el que razono mi conducta, diciendo que mi defendido no cuenta con mi anuencia en muchos de
sus actos relacionados con el proceso. Y como no
existe la estrecha armonía que debe existir entre defensor y defendido en todo lo que al proceso se refiere, me veo precisado a abandonar la defensa. Un

abogado civil de Cádiz, don Manuel Fernández Piñero, la ha tomado a su cargo. ¡Yo he quedado al margen del asunto!

Nos arranca una sonrisa la conducta rectilínea del comandante Unceta, hombre sin doblez, de corazón grande, de historia militar impoluta.

Sospechábamos las causas de esta decisión. Los cambios sospechosos de Jordán nos hacían presumir que en la voluntad del procesado influían elementos ajenos a él, pero, como es lógico, muy interesados en que este escándalo se localice. Jordán, que tenía la llave de todos los secretos, no pondría nunca todo el fango a la vergüenza pública. Tenía miedo a la clara luz del sol, puesto que iba ya llenando de sombras el proceso.

Por fortuna para los públicos intereses amenazados, el juez González sigue descubriendo nuevas pruebas, uniéndolas al proceso. Él podría darnos concretamente datos preciosos. Él podría decirnos si, para depurar responsabilidades, se ha intervenido toda la contabilidad de las casas comerciales que han realizado operaciones con el Parque de Larache y con los demás Parques de la Península, cotejándola con la documentación de éstos. Él podría decirnos si es cierto que el escándalo del desfalco obedece o no a un viejo sistema establecido en fecha muy lejana... ¡Él podría decirnos tantas cosas!...

XXVI

Preferencias significativas.—Bremón, postergado.
Montes Castillo, no.—Bremón en Madrid.

En la prisión militar de Alcántara son recluídos
desde hace muchos años los militares procesados en
la zona de Larache por delitos de cualquier índole.
Han sido muchos, desgraciadamente, los jefes y oficiales que han desfilado por aquella prisión, cuyo
emplazamiento ya conocemos; y todos, a no ser en
casos de enfermedad que exigiese cuidados especiales y aconsejasen el ingreso del procesado en el
Hospital Militar, han permanecido en Alcántara durante el período de tiempo que la autoridad judicial
ha creído necesario.

Jordán, robusto y sano, alegó de pronto padecer
ataques reumáticos. Al parecer, las noches pasadas
en la garita que ya conocemos determinaron en Jordán una dolencia oportuna. ¡Si hubiese dormido debajo de techado!... Los médicos militares le reconocieron y dictaminaron que «no reuniendo condicio-

nes higiénicas la prisión de Alcántara—¿las reunía, acaso, para tantos otros que en ella fueron detenidos?—era muy conveniente se le trasladase a la plaza».

En virtud del dictamen facultativo fué trasladado el preso al campamento general de Nador, donde se le habilitó un local, en el que continúa, esperando el fallo del proceso.

Por lo que se refiere al resto de los procesados —comandante Montes y capitanes Bremón y Rodríguez (Mauro)—, fueron también considerados con cierta inexplicable predilección. Les fueron habilitados locales en el mismo Parque de Intendencia, escenario de sus manipulaciones, y allí quedaron los tres encantados, rodeados de bellos jardines, después de verificada la entrega de todos los servicios al nuevo personal nombrado para sustituirles.

No se libraron tan sospechosas preferencias del comentario público. ¡Y es que el público es tan candoroso!...

* *

Últimamente, durante la substanciación del proceso, correspondió el ascenso a los empleos inmediatos al comisario de Guerra señor Montes Castillo y al capitán de Intendencia señor Bremón. El primero, ante la sorpresa natural de todos, fué ascendido. El Cuerpo de Intervención, al parecer, no tiene para nada en cuenta las formidables acusaciones

que pesan sobre el ex diputado maurista. El Cuerpo
de Intervención, que quiere por lo visto «lavarse las
manos» en este escándalo de Larache, prescinde de
fiscalizar los antecedentes de los jefes a quienes asciende... Es un Cuerpo que perdona fácilmente a sus
afiliados esas pequeñas culpas y no «interviene» en
su propia conducta... El mismo Montes Castillo
afirma muy confiadamente que él no fué mas que
«un negligente»... ¡Una negligencia bien retribuída!
¿Verdad?

En cambio, Bremón no fué ascendido. Sabemos
que el intendente general señor Márquez Aranda se
opuso a ello, y el Consejo de Guerra y Marina, que
fué consultado al efecto, ratificó la decisión de aquel
general. Bremón fué postergado. ¿Por qué no lo fué
el comandante Montes? El interventor general de
Guerra debe saberlo.

Desconocemos si para aclarar las dudas surgidas
con motivo de su ascenso o para asuntos relacionados con el proceso fué conducido a Madrid, en los
primeros días de diciembre, el capitán Bremón,
quien después de una breve estancia en la corte, y
debidamente escoltado, regresó a Larache.

Posteriormente se han dictado algunas disposiciones que ponen de manifiesto el deseo de atajar en
lo posible la gangrena, ya antigua, que corroe el
Cuerpo administrativo del Ejército.

Una Real orden de 4 de noviembre, sobre todo, es
muy significativa y demuestra por sí sola toda la
escasa confianza que el alto mando de Intendencia

tiene en sus subordinados. Dispone que, a partir de 1.º de diciembre del año actual, los parques y hospitales militares—a los que sólo se aplica por ahora tal disposición «por vía de ensayo»—no puedan satisfacer a los proveedores cantidades superiores a 5.000 pesetas, con lo cual—y esto son palabras del periódico oficial del ministerio del ramo—*se evitará que obren en poder del depositario de caudales* del Establecimiento *considerables cantidades de dinero.* Se ordena que a fines de cada mes se formalice una relación en que aparezcan los provisionistas, artículos vendidos y cantidades abonables superiores a la cifra citada. Con esta relación, los intendentes regionales extenderán los libramientos «directamente» a nombre de los acreedores, para que ellos, «personalmente», los hagan efectivos en la Tesorería de Hacienda de la provincia. Y en lo sucesivo, los parques y hospitales no contarán nunca en sus cajas de caudales más que con el numerario suficiente para satisfacer los gastos de administración—sean cual fueren—del Establecimiento y los demás que no se refieran a adquisiciones de artículos cuyo coste, por cada proveedor, no exceda de 5.000 pesetas.

Evidentemente, esta disposición confirma cuanto llevamos apuntado y se debe al conocimiento que el mando tiene de los hechos, habiéndose procurado con ella atajar en lo posible desaforadas ambiciones de los futuros Jordanes, limitando en gran manera los campos de «operaciones».

Aunque sería muy curioso copiar literalmente
esta Real orden a que aludimos, prescindimos de
ello para ahorrar fatiga al lector. Baste con lo
apuntado para entender que el espíritu del legislador está en todo conforme con la opinión general,
que atribuye a los responsables de ese oro nacional una desaprensión punible, salvo los honrosos
casos que no nos cansaríamos de aplaudir. ¡Pleno
convencimiento tendrá el alto mando de la existencia del mal, cuando de tal modo limita la acción de
sus colaboradores! Es doloroso pensar esto, sabien-
do el número considerable de jefes y oficiales que
constituyen un Parque y administran sus consigna-
ciones... No queda muy bien parado, por cierto, el
Cuerpo con estas restricciones.

* *

No fué tan acertada otra disposición de 28 de noviembre en que se dejaba a los Cuerpos en libertad
para recibir de Intendencia, en dinero, el 25 por 100
de las raciones de pienso a que tienen derecho, be-
neficiándolas, como es natural. Ya conocemos el
mal, que venía sosteniéndose a espaldas de la ley.
Porque la ley lo autorice ahora, tampoco deja de ser
mal, aunque ello reste a Intendencia iniciativas en
la fijación de los precios a que han de valorarse las
raciones «beneficiadas», ya que éste será ahora mar-
cado oficialmente. Aunque este 25 por 100 vaya en
los Cuerpos a engrosar el fondo de substitutivos me-

dicinales para el ganado, substitutivos que no suministra Intendencia, esto es favorecer una inmoralidad en vez de atajarla. Un 25 por 100 de ganado enfermo parece mucho; pero aunque así fuese, la adquisición de substitutivos no es razón suficiente. ¿Por qué no adquirirlos directamente de las farmacias militares por medio de vales, deduciendo las raciones correspondientes en el ajuste mensual que reciben los Parques?... Estos mismos Parques, así como suministran habas y avena—substitutivos de la cebada—, podrían suministrar todo lo demás.

Mas no nos extendamos en pequeños detalles de orden técnico, ya que no es ésta nuestra misión. Contentémonos con saber que había necesidad de enmarañar un poco más la selva legislativa a que se aludía en los comienzos de este libro. Nadie se ocupó de atender ante todo que de la alimentación del ganado no se restase un solo kilogramo de pienso para evitar así el lamentable número de caballos y mulos que arrastran una vida raquítica. La Cría Caballar podría facilitar estadísticas curiosísimas por los numerosos certificados de muerte de ganado que a diario recibe. Africa, por lo menos, los manda en forma verdaderamente alarmante...

En las primeras páginas de este libro ya hemos prometido al lector ocuparnos de otros sectores de la Administración... Reanudamos la promesa.

XXVII

Documento sensacional.—Situación general del proceso.—Últimas palabras.

Cuando ultimamos nuestra labor informativa, una mano providente deslizó en las nuestras un documento interesantísimo que transcribimos a continuación. No nos envanece el éxito por las dificultades vencidas para obtenerlo, sino por el gran acopio de argumentos de que rebosa y que robustecen definitivamente nuestra obra. El teniente coronel Lombarte—juez de la causa contra Jordán—, tan especializado en las cuestiones administrativas por sus largas meditaciones sobre los folios del sumario, por los documentos compulsados, por los libros cuyo falseamiento comprobó tan diestramente, y en especial por las mismas declaraciones de los encartados en el proceso; el teniente coronel Lombarte, que pudo llegar hasta lo más hondo de los orígenes del famoso *affaire*, era el más capacitado para elevar su voz tremante de indignación a las altas esferas del mando, pidiendo una urgente revisión y renovación de los procedimientos administrativos militáres, y en particular de los Parques de Intendencia. Él mismo es el autor de dicho documento, llenó de cargos abrumadores, tan oportuno en las últimas páginas de esta información, que queda así juntamente con las Reales órdenes transcritas, definitivamente justificada.

Dice así la nota del señor Lombarte, que ha sido entregada en Guerra:

«El personal de un Parque de Intendencia Militar (1) obtiene ingresos ilegales en la forma siguiente:

a) Comisiones de compras. Cargando al Estado los artículos a mayor precio del que costaron y obligando muchas veces a los provisionistas a firmar en blanco los libramientos.

b) Dando, al suministrar a los Cuerpos, pesos falsos, aprovechando descuidos, circunstancias extraordinarias o arreglando las básculas.

c) Haciendo ajustes falsos con los Cuerpos y pagándoles en metálico a un reducido precio los artículos que no extraen, presentando en cambio aquéllos sus ajustes como si hubieran sacado todo lo que les ha correspondido.

En Larache por esos conceptos la cantidad de-

---

(1) Hagamos notar que el señor Lombarte extiende sus afirmaciones, que son otras tantas acusaciones a todos los Parques del Cuerpo de Intendencia.

fraudada al Estado sin duda ha pasado de tres millones de pesetas anuales, y este caso no es, desgraciadamente, aislado ni extraordinario.

Los Cuerpos son encubridores, sobre todo en el tercer concepto, porque precisan fondos para atender a necesidades reales y perentorias del servicio, que la legislación, poco práctica, no admite o no sufraga en tiempo oportuno. A este último fin puede ponerse fácil e inmediato remedio, con gran beneficio para el Estado y permitiendo vivir en la legalidad a la mayor parte del Ejército, a quien con razón repugnan estos procedimientos; basta disponer que lo que los Cuerpos beneficien de lo que les corresponda lo cobren oficialmente y al precio que oficialmente se fije, constituyendo con estas cantidades un fondo para atenciones necesarias del servicio y en beneficio de la tropa, el cual se empleará con acuerdo unánime de las Juntas Económicas y sin más intervención por la superioridad que la debida fiscalización para proceder en casos punibles, advertir en casos exagerados, pero no para dificultar la buena y racional marcha de la vida de los Cuerpos.

Dos ejemplos sencillos: Un soldado, con real exposición salva a un compañero; con su arrojo evita un accidente de importancia, ejecuta cualquier acto digno de imitación; su capitán en el momento le da una gratificación. ¿Quién la paga? ¿Está mal dada?

Se llega a un campamento con el ganado agotado; el capitán adquiere al precio que puede el pan, vino y azúcar; se lo da, evita la muerte de algunos caballos y consigue que se pueda operar al día siguiente. ¿Está mal hecho? ¿Debe pagarlo el capitán de su sueldo?

Si lo que antes se pide se consigue, en el acto pueden hacerse desaparecer los fondos particulares de los Cuerpos, cuya ilegal existencia es general, quebranta la disciplina y a la vez es la más palpable demostración de lo poco prácticas que son las disposiciones administrativas vigentes.

Claro es que esto es sólo una parte del problema que hay que resolver con urgencia y energía, sin atender a convencionalismos leguleyos, para bien de ·la nación y satisfacción de la parte sana del Ejército.

Por lo que se refiere a Establecimientos militares, ocurre una cosa análoga: se hace un presupuesto, al mes se aprueba, a los tres se recibe el dinero y a los cuatro puede realizarse (si la tramitación se hizo con rapidez extraordinaria); se acaba la obra, y hubo tal acierto al calcularla, que si se presupuestaron, por ejemplo, 2.345 pesetas con 82 céntimos, esa misma cantidad de pesetas y de céntimos costó, y eso evidentemente es mentira, como mentira es que se ejecute el trabajo en la fecha oficialmente marcada, pues en la mayoría de los casos en tiempo de guerra habrá que realizar la obra inmediatamente de notada su necesidad, empleando fondos particulares o los de otras atenciones, incurriéndose en injustas responsabilidades para poder cumplir sagrados deberes. Es necesario que los Establecimientos tengan cantidades en, depósito para esas obras urgentes, que sólo se hagan antepresupuestos, justificándose y determinándose el importe exacto al terminar la obra por lo que en realidad costó, más cierto tanto por ciento para gastos extraordinarios y fomento.'

Si obramos de buena le, no pueden rebatirse en el fondo las razones expuestas, aduciendo disposiciones que en número abrumador existirán sin duda, formando un laberinto administrativo y que no sirven mas que para probar la desconfianza del legislador y su falta de sentido práctico.»

Las precedentes líneas no necesitan comentario alguno, después de leídas las páginas del libro.

Sólo nos resta hacer una breve reseña de la situación general del proceso.

Al presente continúa estacionaria, al menos en mucha parte. Destinado a la Península el teniente coronel Lombarte, la causa que instruía contra Jordán ha pasado a manos del jefe de la Comandancia de Ingenieros de Larache, señor Espejo. Esta causa está detenida a razón de haber establecido competencia el abogado civil señor Fernández Piñero, nuevo defensor de Jordán, cuando es evidente que tal procedimiento, aun como delito común, corresponde de lleno a la jurisdicción de Guerra. Razones de otra índole han debido aconsejar el retraso de las actuaciones. Tal vez el deseo de que las Cortes se disolviesen...

Los procedimientos que por derivaciones del proceso instruyen el coronel González y González y general Gil Yuste siguen su ordinaria tramitación, y en breve podrá recaer sentencia.

Lo importante es la calidad y extensión de ésta. Porque es preciso solicitar de los Poderes públicos que no sea ésta una resolución particular, ceñida a la sanción de las culpas de la oficialidad del Parque de Larache, que nos han descubierto un *honrado* sistema administrativo... Es preciso adoptar medidas colectivas—no bastan las Reales órdenes apuntadas en otro lugar—que reduzcan al último límite posible el campo hoy abierto a todas las inmoralidades.

La cruda lección recibida por el pueblo con motivo del famoso desfalco será, debe serlo, un enérgico acicate que le impulse a pedir más claridad, más cariño también en la inversión del dinero que a costa de tantos sacrificios se deja en manos de los administradores del Presupuesto. No; no debe quedar resquicio alguno a los desaprensivos; sobre todo después de la dolorosa experiencia sufrida en Marruecos, que nos hacen presumir—¿quién podrá evitarlo?—muchos Jordanes aún no descubiertos...

La Hacienda española, el Ejército sano, el mismo Cuerpo de Intendencia, apenado hoy por el borrón que el escándalo del millón de Larache ha dejado caer sobre la colectividad, y sobre todo el país, dolorido por tan evidente dilapidación, reclaman una urgente, una radical medida.

FIN

ÍNDICE

ÍNDICE